몰입은
과학이다

원하는 순간, 초집중하는 기술

몰입은 과학이다

데이먼 자하리아데스 지음
박혜원 옮김

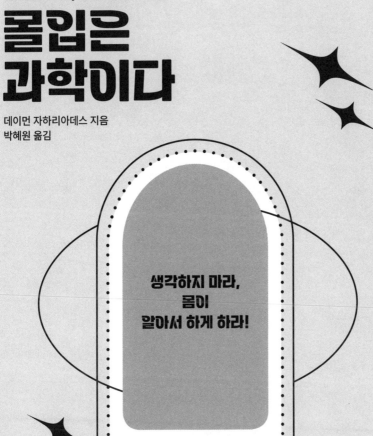

생각하지 마라,
몸이
알아서 하게 하라!

The Art of Finding FLOW

포텐업

■ **일러두기**
본문에서 인용한 도서 중 국내 출간되지 않은 책의 경우에는 괄호 안에 원서명을 기입했습니다.

스스로 원해서 하는 일들을 늘려야 한다.
뭔가를 원한다는 사소한 마음의 움직임.
바로 그것이 집중력을 높이고 의식을 명료하게 만든다.

_ 미하이 칙센트미하이

몰입에 대한 격언들

*　*　*

정말 행복한 사람은 몰입 상태에서 많은 시간을 보내는 사람이다. 이런 사람들은 한 가지 활동에 몰두하느라 그 밖의 다른 것들은 중요하게 생각하지 않는 것처럼 보인다. 지금 느끼는 경험 자체가 너무 즐거워서, 순전히 그 경험을 하기 위해 큰 비용도 마다하지 않는다.

_미하이 칙센트미하이(Mihaly Csikszentmihalyi)

우리 삶의 정점을 이루는 황홀경, 이것을 경험하지 않는 이상 앞으로 더 나아갈 수 없다. 이것이 바로 삶의 아이러니다. 이 황홀경은 내가 가장 살아 있다고 느낄 때 찾아오고, 그와 동시에 내가 살아 있다는 것을 완전히 망각하게 만든다.

_잭 런던(Jack London), 『야성의 부름(Call of The Wild)(1903)

삶의 진정한 비밀은 이것이다. 지금 여기서 당신이 하는 일에 완전히 몰두하는 것, 그리고 그것을 일이라고 부르지 않고, 놀이라고 생각하는 것이다.

_앨런 와츠(Alan Watts)

| 3부 |
몰입으로 들어가는 10단계 프로세스

|4부|
몰입에 대한 짧은 상식

|5부|
몰입하는 몸으로 바꾸는 10가지 훈련법

몰입은 운이 아니다

우리는 그 느낌을 안다. 당신도 틀림없이 경험한 적이 있을 것이다. 그 일이 일어날 땐 마법에 걸린 기분이 든다. 심지어 비현실적인 느낌까지 든다. 그 일이 일어나지 않으면 중요한 무언가가 빠진 것 같기도 하다.

여기서 말하는 '그 일'이란 물론 몰입 상태에 들어갔을 때를 말한다. 우리가 무엇을 하건 그 일에 흠뻑 빠지게 되면 주변의 다른 모든 것들은 사라진다.

나의 주의력 자원이 지금 하는 일에만 온전히 쏠린다. 이때는 과집중 상태가 된다. 많은 사람들이 바로 이런 몰입 상태가 행운의 산물이라고 믿는다. 영감을 주는 뮤즈가 자신을 찾아올 때 일어나는 마법이라고 말이다. 자신이 스스로 통제할 수 있는 거라고 생각하지는 못한다. 하지만 그건 사실이 아니다. 내 주변에 도사리고 있는 수많은 방해 요소를 제거하기만 해도 원할 때 몰입을 맛볼 수 있다. 이 이야기는 뒤에서 더 자세히 다룰 것이다.

내가 몰입을 경험한 건 어렸을 때였다. 당시 나는 수영 선수였다. 이유는 잘 모르겠지만 내 코치들은 나를 '장거리 선수'로 지명했고, 1500미터 자유형 같은 경기에 출전시켰다. 훈련은 몇 시간씩 계속됐다.

몰입은 단거리 종목(50미터 자유형 등)에서 경기할 때는 거의 일어나지 않는다. 그럴 시간이 없다. 눈 깜빡할 사이에 경기가 끝나기 때문이다. 하지만 장거리 종목에서는 경기 중에 이상한 일이 일어난다. 바로 불안한 생각들('경쟁 상대가 나를 따라잡나?', '이번에는 턴을 완벽하게 돌아야 해' 같은 생각들)이 일순간에 사라지는 것이다. 그 대신 어떤 평온함이 찾아온다. '몰입 상태'에 들어서면, 나의 모든 행동은 가장 단순한 형태로만 기억된다. 팔돌리기, 발차기, 호흡. 이 세 가지만 있을 뿐이다.

비록 몸은 지치고 근육과 폐가 필사적으로 살려달라고 비명을 질러댔지만 동작은 너무 쉽게 느껴졌다. 나는 수영하는 그 행위에 대해 완벽하게 통제감을 느꼈고, 그 덕분에 너무나 만족스러웠다. 심지어 즐겁기까지 했다.

그때 이후로 나는 계속해서 몰입 상태로 일하는 것을 즐겼다. 아마추어 밴드에서 기타를 치면서, 밴드 멤버들과 함께 연습하고 즉흥 공연을 할 때도 거듭해서 몰입 상태를 경험했다.

회사에 다니면서 보고서를 검토할 때도, 대차대조표를 작성할 때도 마찬가지였다. 그리고 작가가 된 현재, 원고를 쓰는 동안에도 종종 몰입 상태에 들어간다.

여기서 핵심 메시지는 내가 이 과정을 운에 맡기지 않았다는 사실이다. 나는 몰입이라는 뮤즈가 찾아올 때까지 기다리지 않았다. 내가 먼저 적극적으로 찾아 나섰다. 그리고 결국 내가 원할 때마다 몰입 상태에 도달하는 과학적인 방법을 찾아냈다.

이 책에는 바로 그 방법에 관한 내용이 집약돼 있다. 만약 많은 사람들이 내가 고안한 방법을 자신의 상황에 맞게 적용한다면 하루하루 삶에 큰 변화가 일어날 거라고 믿는다.

몰입은 과학이다

자, 그럼 이제부터 몰입에 이르는 여정을 나와 함께 떠나보자.

2023년 5월

데이먼 자하리아데스

1부

—

몰입의
궁극적인
목적

대개의 사람들은 몰입이 생산성을 높이기 위한 도구라고만 생각한다. 이런 오해 때문에 사람들은 몰입에서 얻을 수 있는 유익한 점을 온전히 누리지 못한다. 물론 어떤 일이든 몰입하게 되면 생산성은 올라갈 수 있지만, 그것은 부수적인 이점일 뿐이다. 몰입을 추구하는 주된 이유가 아니라는 말이다.

그렇다면 몰입을 추구하는 궁극적인 목적은 무엇일까? 그것은 우리 삶이 더 행복해질 수 있다는 것이다. 무엇을 하든 그 순간을 즐기며 흠뻑 빠져드는 기분. 온전히 그 순간에 집중하면서 밀려드는 기쁨. 이런 감정을 느낄 때 우리는 더 큰 충족감을 느끼고 심지어는 행복감까지 만끽한다. 또 이런 감정들은 우리의 일상적인 경험들을 더 풍요롭게 만드는데, 대체로 사람들은 그 사실을 잘 알아채지 못한다. 우리는 이런 긍정적인 감정을 느낄 때, 삶이 더 의미 있다고 느낀다.

뭔가를 결정할 때도 더 목적의식이 생기고 삶의 필연성을 느낀다. 자신이 삶의 주인이라고 느끼는 것이다. 또 훨씬 더 놀라운 일들을 성취할 영감을 얻기도 한다. 무엇보다 중요한 건 삶의 기쁨과 함께 자기만족을 느끼게 된다는 사실이다.

몰입이란 무엇인가?

최대한 간단히 말하면, '몰입'이란 정신적으로 완전히 열중한 상태다. 비축된 주의력 자원 전체가 눈앞의 활동에 집중된다. 무엇을 하든 우리는 그 안에 푹 빠져 최고의 능력을 발휘한다.

운동선수들은 몰입이 '몸이 엄청난 스트레스를 받을 때도 감정이 차분해지고 기운이 넘치는 상태'라고 이야기한다.

학생들은 몰입이 '공부에 의식이 집중되고 그 외에 다른 생각이 사라지는 현상'이라고 해석한다. 또 예술가들은 몰입을 '거의 무아지경의 상태'라고 표현하며, 이 상태에 들어가면 애써 노력하지 않아도 자유롭게 창작 활동을 할 수 있게 된다고 말한다. 하지만 그렇다고 해서 몰입 상태에서 뭔가를 하는 게 쉽다는 뜻은 아니다. 원래 우리 인간은 능력의 한계치까지 자신을 밀어붙여 불편함을 견디기 힘들어지는 순간에 최상의 결과를 내곤 한다.

↓ 약간 힘든 일을 할 때 찾아오는 몰입감

몰입 상태에서 뭔가를 해냈을 때 긍정적인 감정이 저절로 생기는데 사실 이런 감정은 어려운 일을 극복하는 과정에서 나오는 것이다. 만약 너무 쉬운 일을 했다면 해야 할 일 목록에서 하나를 지우는 것밖에 되지 않는다. 다시 말해 힘들지 않은 일에 몰입감이 생길 가능성은 낮다는 것이다.

　몰입에 익숙한 사람들에게 물어봐도 같은 대답을 한다. 예를 들어 몰입 상태에 들어간 운동선수들은 자신이 버틸 수 있는 지구력의 한계치까지 몸을 밀어붙인다. 학생들은 복잡한 개념을 이해하고 완전히 익히기 위해 고군분투한다. 예술가들은 내면의 비평가들을 잠재우기 위해 스스로와 씨

름한다. 몰입은 이렇게 까다로운 환경 속에 있을 때 달성할 수 있는 마음 상태다. 무슨 일을 하든 그 일이 약간 어려울 때 몰입에 들어가고 그때 모든 주변 환경은 희미한 배경으로 사라진다. 일단 몰입에 들어가면 몰입감을 점점 더 깊이 느낄 수 있다는 점이 특징이다.

몰입의 조건

물론 어려운 일이라는 것만으로는 충분치 않다. 몰입 단계에 들어가기 위한 기술도 필요하다. 더 나아가 그 기술들이 풀어나가야 할 과제와 잘 맞아떨어져야 한다. 만약 그 과제를 처리하는 데 필요한 기술이 부족하다면 오히려 스트레스를 받고 답답해질 것이다. 그와 반대로 과제의 난도보다 월등한 기술을 갖고 있다면 지루해질 가능성이 크다. 양쪽 모두 몰입 상태에 들어가기에는 좋지 않은 것이다.

다시 말해 내가 갖고 있는 기술과 흥미를 끄는 일 사이가 너무 긴장되거나 너무 느슨하지 않고 적절한 균형을 이룰 때, 통제감과 자극을 경험할 확률이 높다는 것이다. 이때야

말로 불안하거나 지루하지 않고 뭔가 할 수 있겠다는 느낌이 든다. 그러면 신이 나서 소매를 걷어붙이며 그 과제에 뛰어들 용기가 샘솟는다.

몰입 vs. 과집중

다음으로 넘어가기 전에 우선 몰입과 과집중을 구분해야 한다. 이 둘을 혼동하는 경우가 많기 때문에 어떤 차이가 있는지 짚어볼 필요가 있다. 몰입에 대해서는 이미 설명했다. 이것이 어떤 의식 상태이고, 이런 상태에서 일할 때 어떤 기분인지도 언급했다. 중요한 건 몰입을 이용할 때 우리가 엄청난 이익을 본다는 것이다.

그런데 과집중은 다르다. 과집중은 일반적으로 주의력 자원을 관리할 수 없을 때 나타난다. 과집중을 겪는 사람은 흥미를 끄는 일이 생기면 그것이 무엇이든 사로잡혀버린다. 예를 들어 비디오게임에 푹 빠진 아이들은 누가 이름을 불러도 듣지 못한다. 집 꾸미기에 빠진 사람이라면 그 일에 정신이 팔린 나머지 식사 시간을 놓치거나 약속을 깜박할 수 있다. 이런 상태는 몰입과 비슷해 보이긴 하지만 사실은 충동성과 감정 조절 능력이 부족한 상태에 더 가깝다.

과집중은 종종 주의력 결핍 과잉 행동 장애(ADHD)의 증세 중 하나로 거론되곤 한다. 겉으로는 몰입 현상과 비슷해 보이지만 둘은 근본적인 트리거가 다르다. 무엇보다 중요한 점은 과집중을 방치할 경우 심각한 역효과를 초래할 위험이 있다는 것이다.

이 책은 몰입에 들어가는 법, 또 그 상태를 최대한 나에게 유리하게 이용하는 법을 알리는 게 목적이다. 따라서 과집중에 대한 문제는 여기서는 논외로 할 것이다.

몰입의 7가지 이점

앞서 언급했듯이, 대개의 사람들은 몰입이 생산성을 높이기 위한 도구라고 생각한다. 일에 집중해서 완전히 몰두하고 흠뻑 빠져들면 더 많은 일을 하게 되므로 이 말도 어느 정도는 사실이다. 하지만 몰입 상태에서 일하게 되면 그보다 훨씬 더 많은 보상을 얻을 수 있다. 생산성 향상에만 집착한다면 이러한 다른 특전들을 보지 못하게 될 위험이 있다.

그런 의미에서 몰입의 7가지 이점을 소개한다.

몰입은 과학이다

이점 1 창의력이 좋아진다

창의력을 방해하는 가장 일반적인 장애물 두 가지는 두려움과 자의식이다. 풍경화를 그릴 때나 소설을 쓸 때 또는 회사에서 자신만의 특별한 문제 해결책을 제시하려고 할 때, 우리 머릿속에는 결과에 대한 걱정부터 떠오른다. '괜찮을까?', '사람들이 싫다고 하면 어떡하지?', '더 좋은 해결책은 없을까?' 등등 온갖 걱정에 휩싸이는 것이다. 그런데 몰입 상태에 들어가면 다르다. 그 안에 들어가면 두려움과 자의식이 훨씬 희미해진다. 결과에 대한 걱정도 덜하게 된다. 오로지 내 눈앞에 펼쳐진 일에만 집중할 수 있기 때문이다.

이점 2 주의력 분산 요인들에 대항력이 생긴다

흥미롭지 않은 일이나 끌리지 않는 일을 할 때 우리는 내적, 외적으로 쉽게 산만해진다. 산만함을 유발하는 내적 요인에는 자기 자신에 대한 믿음이 없거나 딴생각을 하는 등 머릿속에서 일어나는 모든 일이 포함된다. 외적 요인에는 소셜미디어나 휴대폰, 동료들이 잡담하는 소리 등 주변에서 일어나는 모든 것이다. 몰입 상태에 들어가면 이렇게 집중력을 방해하는 요소들은 사라진다. 방해 요소들은 여전히 거기 있지만 우리가 그것을 더 이상 알아차리지 못하기 때문에 쉽게 영향받지 않는 것이다.

이점 3 더 빠르게 학습하고 능숙해진다

사람들은 대부분 더 빠르게 학습할 수 있기를 열망한다. 빨리 습득하는 능력이 있으면 환경에 더 잘 적응할 수 있고, 고용시장에서 자신의 상품 가치를 더 높일 수 있으며, 친구들 사이에서 인기를 얻을 수 있고, 무엇보다 스스로 새로 나온 지식과 기술을 활용할 수 있기 때문이다. 문제는 많은 사람들이 새로운 일을 빨리 배우는 것을 힘들어한다는 것이다. 때로는 완전히 숙달한다는 것은 불가능해 보이기도 하다. 일을 할 때 몰입할 수 있으면 학습 속도가 빨라진다. 몰입 상태에 있는 동안은 주의력 분산 요인들, 답답함, 불안감, 회의감 등에 휩쓸리지 않는다.

그저 눈앞에 있는 주제에 대해 공부하느라 신이 날 뿐이다. 그 외 다른 모든 것들은 눈앞에서 흐릿하게 사라져버린다. 더 나아가 새로운 지식이나 기술을 배우는 동안에는 긍정적인 피드백 루프를 경험하게 된다. 해당 과제를 더 잘 이해할수록, 나는 더 큰 만족감과 자신감, 행복을 느낀다. 이런 감정들이 다시 나에게 동기를 부여하고 해당 주제를 완전히 익히고 습득할 때까지 계속 집중하게 만들어준다.

이점 4 행복감이 올라간다

행복의 정의에는 여러 가지가 있다. 그런데 그중 핵심 감정은 기쁨과 만족감을 느끼는 것이다. 우리는 성취감과 만족감, 기쁨을 느낄 때 가장 행복하다.

행복은 고정된 상태가 아니다. 자신의 환경이나 기대치, 감정 반응에 따라 행복감도 달라진다. 하지만 욕구가 충족되고 자신의 관심사와 일치하는 일을 한다면 더 자주 행복하다고 느낄 것이다.

몰입 상태에서 일을 하면 이런 감정을 느낄 수밖에 없다.

앞에 놓인 어려운 과제에 불안감 없이 대처할 뿐 아니라 일을 하면서 성취감과 만족감이 더욱 커지니 당연한 일이다. 관심사에 맞는 일을 하므로 그 일을 즐기게 된다. 또 중요한 점은 그 일을 하는 동안 압박감이나 자의식을 느끼지 않는다는 것이다. 몰입 상태에서는 내면의 비평가와 주의력 분산 요인들은 고요해진다.

이점 5 긍정적 스트레스를 경험한다

흔히 스트레스는 일반적으로 환경에 대한 부정적인 반응이라 생각한다. 누군가에게 어떤 요구를 받으면 우리는 압박감을 느끼고 불안해지며 심지어 두려운 마음까지 든다. 누구나 이런 스트레스 감정을 경험한다.

이런 부정적인 느낌 때문에 대부분의 사람들은 스트레스를 최소화하려고 노력한다. 하지만 스트레스가 항상 나쁜 것만은 아니다. 항상 피해를 주는 것만은 아니라는 말이다. 스트레스는 특정한 환경에서는 매우 유익하기도 하다. 몰입에 들어가면 우리는 종종 '유스트레스(eustress)'라는 것을

몰입은 과학이다

경험한다. 유스트레스는 우리에게 활력을 주는 형태의 스트레스다. 스트레스 요인에 직면해도 그 스트레스를 극복할 수 있다는 자신감이 생긴다. 압박감은 느끼지만, 불안감보다는 자기 능력에 대한 확신을 더 크게 느낀다.

이점 6 감정을 잘 통제한다

사람은 누구나 감정을 통제하지 못할 때가 있다. 아침 출근길에 다른 운전자 때문에 신호를 놓치면 화가 난다. 회사 동료가 제 할 일을 다 하지 못하면 답답해한다. 살면서 실패를 거듭하다 보면 의기소침해진다. 이런 감정은 너무나 당연한 것이고 부끄러워해야 할 것은 아니다.

하지만 스스로 감정을 제어하는 법을 연습하는 건 중요하고, 몰입 상태는 그 과정에서 큰 도움이 된다. 몰입에 들어가면 무엇보다 집중력과 자신감이 생긴다. 자신을 환경 앞에 무기력한 희생자라고 여기기보다 자신의 능력으로 합리적이고 목적의식적으로 잘 대처할 수 있다고, 그렇게 해서 주어진 환경을 극복할 수 있다고 믿게 된다.

이점 7 생산성이 향상된다

앞에서 나는 몰입에 들어가면 단순히 생산성을 높이는 것 이상의 이점을 얻을 수 있다고 설명하며, 이 부분에 집착하지 말라고 이야기했다. 하지만 생산성 향상이라는 이점을 아예 무시한다는 건 어리석은 일이다. 학자들의 연구 결과만 봐도, 몰입 상태에서 일하는 것이 훨씬 더 생산적이다.[주1]

그 이유는 분명하다. 인간은 자신의 행동과 관련된 긍정적인 감정을 경험하면 할수록 수행 능력이 높아진다. 행복감과 자신감이 올라가고 창의력이 높아지며 더 목적의식적으로 행동하게 된다. 그 결과 더 효과적으로 행동하고, 궁극적으로는 더 생산적으로 일할 수 있다.

여기서 말하는 생산성이란 최단 시간 내에 최대치의 일들을 해치우는 것이 아니다. 그보다는 자신에게 정말 중요한 일을 가능하게 만들어준다는 뜻이다. 나의 목표를 현실로 만들기 위해 정말 필요한 일들을 할 수 있게 된다는 뜻이다.

몰입은 과학이다

↓ 자, 이제 몰입할 준비가 되셨죠?

이렇듯 몰입할 수 있는 능력은 나의 일상을 완전히 뒤바꿔놓을 것이다. 일이든 취미든 뭐든 몰입하는 것이 습관화되면 인생 전체에서 엄청난 보상을 얻게 된다.

자, 이제 당신은 몰입에 대해 공부할 준비가 되었는가? 지금 당장은 몰입이라는 게 운동선수나 예술가들, 콘텐츠를 생산하는 사람들 또는 선택된 직업군에만 해당된다고 생각할 수 있다. 하지만 그렇지 않다. 어떤 직업을 갖고 있든 몰입하는 능력은 삶에 엄청난 선물을 안겨줄 것이다.

내 삶을 바꾸는 무기, 몰입

그 어떤 일을 하든 몰입하는 능력이 있다면 삶은 획기적으로 바뀐다. 회사에서 일할 때, 집에서 쉴 때, 학교에서 공부할 때, 또는 휴가를 떠나 자유를 만끽할 때도 마찬가지이다.

나의 직업이 농부든 의사든 배관공이든 아니면 건축가든 전업주부든 학생이든 몰입 상태에서 뭔가를 하는 것이 삶에 유리하다는 건 당연한 일일 것이다. 또 운동이나 명상, 독서, 정원 가꾸기, 요리 등 모든 종류의 취미 활동 역시 마찬가지다. 물론 그중에는 명확하지 않은 부분도 있을 수 있다. 아래 몇 가지를 살펴보자.

일과 몰입

직업이 무엇이든 우리는 주의력 분산 요인들에 취약하다. 집중해서 효율적으로 일하는 능력은 언제나 환경적 요인 때문에 방해받기 일쑤다.

예를 들어, 사무실에서 일하는 사람이라면 수다스러운 동료들을 견뎌내야 할 것이다. 병원에서 일하는 사람들은 전화나 환자, 컴퓨터에서 울리는 경고음 등 때문에 집중력에 큰 타격을 입는다. 변호사라면 의뢰인들이 쏟아내는 이메일과 문자 때문에 집중이 어려울 수 있다. 소프트웨어 엔지니어라면, 인터넷에서 언제든지 한 번의 클릭으로 집중력을 잃을 수 있다. 인터넷은 주의력 분산 요인들이 끝없이 이어지는 토끼굴과도 같다.

그러나 어떤 직업을 가졌다 해도 몰입을 경험할 수 있다. 만약 몰입 능력을 갖게 되면 환경에 방해받지 않고 자신의 일에 몰두할 수 있게 된다. 그렇게 되면 더 생산적이고 효과적으로 일할 수 있게 되고 그 과정에서 인생이 더 즐거워질 것이다.

가사와 몰입

집에 있을 때 어떤 일들을 하는지 생각해보자. 다음과 같은 몇 가지 일들이 있다.

- 집안일
- 운동
- 공부
- 명상
- 집 꾸미기
- 새로운 기술 배우기
- 일기 쓰기
- 부업

위와 같은 활동을 할 때도 몰입 상태로 할 수 있다. 그러면 그 활동들을 더 즐겁게 할 수 있다. 하기 싫은 집안일조차도 그렇다. 더 많은 것을 자각하고, 더 깊이 주의를 기울이고, 더 큰 활기를 느끼게 될 것이다.

창작과 몰입

뭔가 새로운 것을 창조하면 우리의 만족감은 이루 말할 수 없이 깊어진다. 그 이후 따라오는 긍정적인 감정들은 말할 것도 없다. 새로운 걸 만드는 데 성공하면 우리 뇌에는 기분을 좋게 만드는 화학물질인 도파민이 넘쳐흐른다. 우리가 할 수 있는 창조적인 일에는 뭐가 있을까? 간단히 정리해보면 다음과 같다.

- 기타나 피아노로 노래 연주하기
- 상상했던 그림 그리기
- 꿈꾸던 소설 쓰기
- 부업을 위한 신제품 만들기
- 친구에게 영감을 주는 선물하기
- 독창적인 요리법을 바탕으로 한 새로운 요리 만들기
- 아이들이 할 만한 기발한 게임 만들기

창조적인 세계는 몰입 상태에 있을 때 더 쉽게 열린다. 일단 그 세계의 문이 열리면 주의력을 분산하는 요인들은 증발하고 내면의 비평가는 잠잠해진다. 그러면 이유 없이 불안해하지 않고 거침없이 앞으로 나아가게 된다. 비록 그것이 완벽한 것이 아닐지라도 자신감 있게 시도할 수 있게 된다.

공부와 몰입

수업을 듣는다는 건 지루할 수 있다. 특히 선생님이 카리스마가 부족하거나 수업 주제를 잘 전달하지 못할 때 더 그렇다. 그런 경우에는 자꾸 딴생각이 들어 중요한 내용을 놓치기 쉽다. 그러면 자세한 정보를 정확하게 기억하기 어렵다. 과제와 프로젝트를 완성하기도 어려워진다. 시험도 더 까다롭다고 느껴질 것이다.

몰입하는 능력은 수업에 집중할 수 있게 도와준다. 수업이 지루하거나 선생님이 너무 재미없는 사람일지라도 마찬가지이다. 주어진 환경이 어떻든 간에 나에게 몰입 능력이 있느냐가 초점이다. 그 능력이 생기면 수업을 듣는 느낌이 완전히 달라진다. 그렇다고 해서 지루한 강의나 따분한 강

몰입은 과학이다

사가 더 흥미롭게 느껴지는 것은 아니다. 하지만 지금 나에게 주어진 과제에 집중하고 시험을 더 수월하게 치를 수 있게 도와줄 것이다.

운동과 몰입

운동 성과를 좌우하는 것은 신체적인 능력이나 그 운동에 대한 숙달 정도만이 아니다. 사실 집중을 방해하는 많은 외부 요인들이 있다. 프로 선수든, 아마추어 선수든, 그냥 운동을 좋아하는 일반인이든 마찬가지이다. 운동 자체에 집중이 잘 되지 않는다면 성과가 떨어지는 건 어쩔 수 없이 나타나는 현상이다. 뭔가 스트레스받는 일이 있거나 불만족스러운 어떤 일에 정신이 팔려 있다면 퍼포먼스에 엄청난 타격이 올 것이다. 많은 운동선수들이 몰입에 들어가면 몸을 움직이는 게 힘들지 않다고 증언한다. 사적인 다른 일들이 머릿속에서 사라지면서 평온해진다고들 말한다. 몰입 상태에서 경기에 나가면 결과를 걱정하기보다 현재의 순간에 집중하게 된다. 눈앞의 행동과 상황에 완전히 빠져든다. 그러면 정신이 흩어지지 않고 집중을 유지할 수 있다. 다른 데 신경을 쓰거나 심드렁한 태도로 임하는 게 아니라 경기에 몰두하고 열의를 다할 수 있게 된다.

그렇게 했을 때 결과는 어떻게 달라질까? 성적만 좋아지는 것이 아니다. 경기에 참여하는 과정 그 자체를 훨씬 더 즐길 수 있게 된다.

↓ 여기 시간과 몰입

사람들은 여가 시간을 하찮고 사소한 것으로 생각하는 경향이 있다. 우리가 하는 일이 자신의 일이나 가족, 또는 목적의식적인 프로젝트(예를 들어 집에 페인트칠을 하거나 방을 정리하는 등)와 관련되어 있지 않다면, 그다지 중요한 일이 아니라고 여기는 것이다. 그런데 정말 그럴까? 절대 그렇지 않다. 많은 심리학자들이 여가 시간에 무엇을 하느냐가 자신의 신체 건강과 정신 건강에 큰 영향을 끼친다고 말한다.[주2] 스트레스와 불안을 관리하는 데 도움이 된다는 것이다. 기분을 호전시키는 역할도 한다. 우리가 여가 시간에 어떤 활동을 하느냐에 따라 성취감을 느낄 수도, 마음 가득 긍정적인 감정을 채울 수도 있다는 것이다. 여가 시간에 할 수 있는 활동에는 무엇이 있을까? 이를테면 이런 것들이 있을 것이다.

- 요리
- 독서
- 기타 연주
- 정원 가꾸기
- 핑거페인팅
- 퍼즐 풀기
- 뜨개질
- 체스
- 조각

여가 시간에 좋아하는 뭔가를 하면서도 그것에 흠뻑 빠지지 못한 적이 있는가? 만약 그랬다면 뭔가 다른 고민거리가 당신의 머릿속을 지배하고 있기 때문일 것이다. 배우자와 사소한 문제로 말다툼을 한 뒤 후회하고 있었거나 중요한 전화를 기다리느라 집중이 안 됐을 수도 있다.

그런데 만약 내 머릿속을 지배하고 있는 온갖 걱정과 스트레스 요인들을 잠시나마 잊어버릴 수 있다면 어떨까? 무엇을 하든 그 활동에만 온전히 빠져서 즐길 수 있다면? 아무런 잡생각 없이 요리에만 집중하거나 독서를 하거나 정원을 가꿀 수 있다면? 만약 그렇다면 진정으로 자신의 시간을 즐길 수 있게 되면서 그와 동시에 몸의 건강과 정신의 건강이라는 보상을 얻게 될 것이다.

몰입, 더 즐거운 삶을 위한 조건

여기서 내가 강조하고 싶은 점은, 몰입의 이점이 너무나 분명하지만 눈에 직접적으로 보이지 않는 측면을 돌아보라는 것이다. 몰입하는 습관은 생산성을 올려 더 많은 성과를 얻게 해줄 뿐 아니라 더 즐겁고 보람 있는 삶을 경험하게 해준다.

무엇을 하든 그것에만 집중할 때 우리는 삶에 흡족한 느낌을 갖게 된다. '이런 게 사는 거지' 하고 느끼는 것이다. 자기 자신에 대해서도 더 큰 만족감을 갖게 된다. 이럴 때 자신의 생각은 더 명확해지고, 삶은 의미 있게 느껴진다.

더 중요한 것은 이런 경험이 우리의 가치관에 지대한 영향을 미친다는 것이다. 몰입을 경험하게 되면 하루하루가 힘겹다고 느끼기보다는 '오늘은 또 무슨 일을 하게 될까?' 하는 기대감을 갖게 된다. 평소에 갖고 있던 목표가 자신이 하는 모든 활동에 다 연결되어 있다는 느낌이 든다. 그러다 보니 자기도 모르는 사이에 더 목적의식적으로 행동하는 스스로를 발견하게 된다. 결과적으로 매일매일이 어떤 도전처럼 느껴지고 반드시 이겨낼 수 있다는 자기 확신을 갖게 된다. 이런 느낌을 일상적으로 경험하고 싶지 않은가? 자, 이제부터 몰입에 들어가기 위한 방법의 기초를 다져보자.

2부

몰입을
설계하라

다행히도 우리는 몰입 상태에 저절로 들어가도록 그저 기다려야 한다거나, 몰입을 부르는 뮤즈에게 의존할 필요가 없다.

일단 몰입의 과학적 요소들을 이해하고 나면, 때와 상황이 적당할 때 언제든 몰입에 들어갈 수 있다. 여기에 형이상학적인 메커니즘이나 초자연적인 요소는 없다. 다만 연습이 필요할 뿐이다. 어떤 기술이든 연습하면 할수록 더 잘할 수 있고, 더 쉽게 할 수 있는 것처럼 몰입도 마찬가지이다.

몰입을 위한 준비 단계를 알아보기 전에, 먼저 필요한 요소들을 알아보자. 이것만 알고 가도 큰 도움이 된다. 이것은 자동차 키를 돌려 시동을 걸기 전에 운전대와 페달이 어떤 역할을 하는지 알아보는 것과 같다. 2부에서는 이를 위한 심리적 프레임에 대해 설명할 것이다. 몰입에 들어가는 데 두려움이라는 감정이 미치는 영향이 어떠한지, 몰입에 도움이 되는 심리적 요소에는 뭐가 있는지 알아볼 것이다. 또 몰입을 가장 방해하는 적들이 뭔지 살펴볼 예정이니 그런 요소가 있다면 피할 수 있도록 해보자.

심리적 프레임을 설정한다

당신은 몰입을 경험한 적이 있을 것이다. 이는 의심할 여지 없는 사실이다. 그 순간에는 깨닫지 못했을 수도 있지만, 당신은 그때 자신이 하고 있는 일에 완전히 빠져들었다. 그 순간에는 시간 개념도 사라졌을 것이다. 문자나 전화가 오는 소리를 듣지 못했을 수도 있다. 아마 밥 먹는 것조차 한두 번은 잊어버렸을지도 모른다.

그런데 그때의 몰입은 굳이 '노력'을 해서 들어간 건 아니었을 것이다. 그 상태는 그저 우연히 찾아왔을 것이다. 당신은 그때 최대치의 속도로 할 일을 해내며 최고의 성과를 내면서도 그 상태를 즐겼을 것이다.

여기서 얻을 수 있는 교훈은, 어떤 상황이 맞아떨어지면 지금도 종종 몰입을 경험할 수 있다는 사실이다. 어떤 순간이든 내가 원할 때 몰입에 들어가기 위해서는 바로 이 점을 눈여겨볼 필요가 있다. 만약 몰입에 필요한 조건들만 제대로 설계되어 있다면 언제든 가능한 일이지 않겠는가?

잠재의식에 불을 켜는 도구, 경험과 숙련도

몰입에 들어가기 위해서는 그 일이 무엇이든 우선 마음이 편안해야 한다. 이 평온함은 숙련도에서 나온다. 자신이 이미 숙련된 기술을 갖고 있다면 어떤 활동이든 편안하게 수행할 수 있다. 그리고 그럴 때 잠재의식은 더 많은 일들을 할 수 있게 된다.

예를 들어, 내가 경기에 출전한 수영 선수라고 가정해보자. 수년 동안 수영을 했으므로 이미 내 몸에는 수많은 근육 기억이 존재한다. 자유형이든 접영이든, 아니면 다른 어떤 종목이든 경기 도중에 각 동작을 어떻게 잡아야 하는지를 생각할 필요가 없다. 이미 나의 잠재의식이 알아서 내 몸을 움직여줄 것이다. 이때는 매 순간 생각해야 할 필요가 없으므로 몰입 상태에 좀 더 빠르게 들어갈 수 있다. 다년간에 걸친 훈련 덕에 가능한 일이다.

이제 그와 반대의 상황을 생각해보자. 내가 지금 수영하는 법을 배우는 중이라고 가정해보는 거다. 이때는 아직 근육 기억 같은 건 만들어지지 않았기 때문에 잠재의식이 알아서 움직여줄 수가 없다. 팔을 돌릴 때, 발을 찰 때, 그 동작 하나하나에 집중하려고 노력해야 한다. 호흡을 제대로 하고 있는지도 신경 써야 한다. 턴을 할 때도 제대로 하고 있는지 자세에 집중해야 한다. 이런 상황에서 몰입에 들어간다는 건 거의 불가능하다. 마음이 편안하지 못하기 때문이다. 이때의 뇌는 당황한 상태에서 엄청나게 바빠 일을 진행시켜야 하기 때문에 부담감을 느낀다. 몰입에 들어갈 겨를이 없는 것이다.

몰입에 들어가기 위해 중추적 역할을 하는 것은 잠재의식이다. 말 그대로 평소에는 잠재돼 있던 의식이 몰입 상태에서는 전구가 들어오듯 환하게 불을 밝힌다. 그런데 이런 일은 내가 하고 있는 그 일에 능숙할 때만 일어난다. 그것이 창작 활동인지, 신체 활동인지, 또는 두뇌 활동인지는 중요하지 않다. 중요한 것은 꾸준히 훈련한 이후에야 잠재의식이 활성화된다는 사실이다.

루틴과 습관

많은 사람들은 즉흥적이라는 개념을 즐겁게 받아들인다. 순간적인 충동으로 계획에 없던 행동을 한다는 게 재미도 있고 긴장감도 느껴지기 때문이다.

하지만 성장은 날마다 똑같이 굴러가는 일상 속에서 이루어진다. 사람은 습관으로 만들어지고 성장하는 동물이기 때문이다.

몰입 능력을 배우는 것도 이와 같은 맥락에서 생각해야 한다. 앞서 잠재의식이 몰입을 달성하는 데 중추적 역할을 한다고 지적했다. 또 그 일에 능숙할수록 잠재의식이 더욱 활성화된다고도 이야기했다. 그러므로 평소에 잠재의식을 어떻게 관리하느냐가 몰입 능력에 큰 영향을 미친다.

그런데 잠재의식을 관리하기 위해서는 나만의 루틴을 만

몰입은 과학이다

들어야 한다(이 과정을 '습관 쌓기'라고 한다). 날마다 차곡차곡 쌓아가는 이 루틴들이 잠재의식을 촉진하는 매개체가 된다. 내 몸에 쌓인 루틴은 잠재의식을 유도해서 일상의 사소한 말과 행동에 큰 영향을 미친다. 루틴이 강력할수록 굳이 의식적으로 노력을 기울이거나 따로 생각할 시간은 줄어들고 몰입에 깊이 빠져들 수 있게 된다. 물론 몰입을 유도하는 루틴은 개인 특유의 성향에 따라 조금씩 다를 수 있다. 어떤 사람에게는 짧은 산책을 하거나 특정한 유형의 음악을 듣는 것일 수 있고, 또 다른 어떤 사람에게는 호흡 훈련을 하는 것일 수도 있다. 이 내용에 대해서는 3부에서 더 자세히 다루어보겠다.

몰입의 세 가지 조건

몰입에 들어가기 위해서는 반드시 갖추어야 할 세 가지 조건이 있다.

첫째, 반드시 특정한 목표가 있어야 한다. 가장 이상적인 것은 그 누구의 압력에 의한 것이 아닌 나 스스로 목표를 설정하는 것이다. 둘째, 나 자신에 대한 확신이 있어야 한다. 내가 지금 하고 있는 일을 잘 해낼 수 있다는 생각, 눈앞에 어떤 난관이 닥쳐도 극복할 수 있다는 자신감을 갖고 있어야 한다.

셋째, 긍정적인 피드백 루프가 있어야 한다. 피드백 루프를 통해 나의 행동에 대해 즉각적이고 지속적인 평가를 얻을 수 있다. 피드백 루프는 내가 목표 달성을 위해 제대로 하고 있는지를 알려주는 지표다.

만약 이 세 가지 조건을 갖추면, 훨씬 더 쉽게 몰입에 들어갈 수 있다. 또한 이 세 가지 조건은 절대적이어서 만약 셋 중 하나라도 부족하다면 제대로 된 몰입에 들어가기란 사실상 불가능하다.

몰입은 과학이다

몰입을 방해하는 최대의 적,
두려움

사실 두려움이라는 감정이 필요할 때도 있다. 두려움을 느낄 때 우리는 상황 인식이 높아지고 위험으로부터 스스로를 보호한다. 잘못된 결정을 내린 후 힘든 일을 겪지 않도록 미리 경계심을 던져주기 때문이다. 어떤 경우에는 두려움이 생존을 위한 도구인 것이다.

하지만 그와 동시에 두려움은 삶의 장애물이 될 수도 있다. 두려움을 방치하면 스트레스를 받고, 불안감이 들며 심지어 공황 상태에 빠지기도 한다. 이런 상태에서는 의사결정 능력이 떨어지고 마음이 무기력해져서 어떤 일이든 행동으로 옮기기가 어려워진다.

당신이 만약 이런 심리 상태라면 몰입할 수 있겠는가? 결코 쉽지 않을 것이다. 두려움이라는 감정을 해소하지 않는 이상 몰입을 경험하는 건 불가능에 가깝다. 이 말을 한 번 뒤집으면 만약 두려움을 잘 극복하기만 하면 몰입을 경험할 확률이 높아진다는 것과 같은 뜻이다. 자, 그럼 나에게 해로울 수도 있는 두려움이라는 감정을 면밀히 들여다보자. 여기서는 두려움의 유형에 대해 살펴보고, 그 두려움들이 몰입에 방해가 되지 않도록 관리하는 방법을 알아볼 것이다.

두려움은 어떻게 마음을 장악하는가

인간의 뇌 깊은 곳에서는 두 개의 타원형 구조로 이루어진 편도체가 있다. 편도체의 기능에는 여러 가지가 있지만 가장 중요한 것은 몸과 마음에 위험이 닥쳤을 때 생존을 확보할 수 있도록 경고하는 것이다. 만약 위험한 자극과 맞닥뜨리면 편도체는 투쟁 도피 반응을 유발한다. '싸워!' 혹은 '피해!'라는 경고음을 보내는 것이다.

심리학자 대니얼 골먼은 그의 저서 『감성지능』에서 '편도체 납치'라는 용어를 사용했다. 편도체 납치란 위험이 잠재된 자극이 감지될 때 나타나는 감정 반응으로, 뇌의 이성적인 기능을 마비시킨다. 이성과 합리성이 편도체에 '납치'당하면 우리는 평정심을 잃은 상태에서 반응하게 된다.

예를 들어 아침 출근길에 다른 운전자가 갑작스레 내 차 앞으로 끼어들었다고 가정해보자. 당신은 깜짝 놀라 옆으로 방향을 틀 것이다. 우선 위험한 충돌을 피했다고 해도 화가 머리끝까지 치밀어 오를 것이다.

문제의 운전자를 따라가 소리를 지르고, 우정을 쌓기엔 난감한 방식으로 가운뎃손가락을 사용할지도 모른다. 이런 현상은 편도체가 뇌를 납치해서 불균형한 감정 반응을 유발했기 때문에 나타난다. 내 몸이 다치지 않은 상태임에도 화가 나는 건 어쩔 수가 없다. 누구나 이런 감정 상태에 빠지면 상대방을 맹렬하게 비난하고 싶은 충동을 느낀다. 여기서 중요한 건 이런 불안정한 감정이 몰입을 방해한다는 것이다. 언제든 내가 원할 때 몰입에 들어가려면 이 메커니즘부터 이해해야 한다. 이런 감정이 내부에서 올라올 때 내가 나를 컨트롤하지 못한다는 건 몰입을 방해하도록 내버려두는 것과 같기 때문이다. 그렇게 내 감정을 방치하면 내가 갖고 있는 주의력 자원은 스트레스를 유발한 자극에 대응하느라 바닥나고 만다.

운동선수들은 이런 문제를 일상적으로 경험한다. 불안과 긴장감(이를테면 실패에 대한 두려움)은 경기 자체에 집중하지 못하도록 방해한다. 그러다 보니 자신이 갖고 있는 실력을 다 발휘할 수 없게 만들어 성적에 지대한 영향을 미친다. 그러므로 불안한 감정을 통제하는 법을 익히면 한층 더 앞서 갈 수 있는 무기를 갖추는 것이나 다름없는 것이다.

몰입을 가로막는 두려움의 10가지 유형

그렇다면 당신을 괴롭히는 두려움에는 어떤 종류가 있을까? 당신은 자신을 괴롭히는 두려움의 실체가 뭔지부터 알아야 한다. 물론 그 두려움은 사람마다 제각각이다. 다음은 몰입을 방해하는 두려움의 일반적인 유형 10가지이다.

1. 실패에 대한 두려움

2. 성공에 대한 두려움

3. 변화에 대한 두려움

4. 비판에 대한 두려움

5. 굴욕에 대한 두려움

6. 기회 상실에 대한 두려움

7. 실수에 대한 두려움

8. 미지의 세계에 대한 두려움

9. 책임에 대한 두려움

10. 헌신에 대한 두려움

사람들 대부분은 이 10가지 두려움들을 거의 다 경험한다. 당신도 지금 이 중 몇 가지 두려움에 시달리고 있을지도 모른다. 당신만 그런 것은 아니다. 모든 사람이 어느 시점이 되면 이런저런 두려움으로 고통받고 또 어떤 사람의 경우에는 일상적으로 고통에 시달리기도 한다.

예를 들어, 나의 경우에는 변화와 미지의 세계에 대한 두려움에 종종 시달렸다. 부모님 말씀에 따르면 어린 시절부터 그랬다. 어른이 된 후에는 이런 두려움들을 관리하는 법을 배웠지만 상당한 시간과 노력을 들여야 했다. 하지만 그

덕분에 더 이상 두려워서 몰입에 들어가지 못하는 일은 사라졌다. 당신도 자신이 내면에 갖고 있는 두려움을 관리할 수 있게 되면 몰입에 들어가는 일이 훨씬 더 쉬워질 것이다.

두려움을 극복하는 방법

이 주제에 대해 이 장에서 모든 것을 이야기하는 건 불가능하다. 이 주제만 가지고도 책 한 권을 쓸 수 있을 만큼 중요하기 때문이다.[주3] 그렇지만 내가 두려움을 관리한 몇 가지 방법을 공유하는 건 괜찮을 것이다. 당신에게 도움이 되길 바란다.

첫째, 내 안에 있는 두려움을 확인해야 한다. 진부한 이야기라고 생각할지 모르지만, 많은 사람들이 자기 내면에 품고 있는 두려움을 회피하거나 무시한 채로 살아가는 경우가 많기 때문에 무시해서는 안 되는 조언이다. 내 속에 들어 있는 감정을 애써 외면하는 건 정말 소용없는 일이다(내 경험에서 나온 말이다). 뭐가 됐든 관리를 한다는 건 있는 그대로 드러내놓고 직시하는 게 첫 번째 할 일이다. 그러므로 내가 갖고 있는 두려움의 존재를 있는 그대로 '인정'하는 과정이 필요하다.

둘째, 두려움을 느낄 때 어떤 상황이 그 두려움을 유발하는지 기록해보자. 이 과정에서 나의 행동 패턴이 드러날 수 있다. 그렇게 한 번 자신의 감정을 노출하게 되면 두려움을 관리하는 것도 훨씬 더 쉽게 느껴진다.

셋째, 두려움이 고개를 들고 일어날 때, 하던 일을 멈추고 그 감정이 합리적인지 스스로에게 물어보자. 사람들은 곧잘 재앙과도 같은 상황을 상상하곤 한다. 곧 최악의 일이 일어날지도 모른다고 습관적으로 생각하는 사람도 많은데, 이미 과거 경험상 그렇지 않다는 것을 알고 있으면서도 어쩔 수 없이 그렇게 된다.

나의 경우에는 이 훈련 덕분에 변화를 두려워하는 마음이 정말 쓸데없는 감정이라는 것을 깨닫게 되었다.

넷째, 두려움이 들 때마다 상상력을 발휘해서 성공한 나의 모습을 시각화해보자. 예를 들어 내일 취업을 위한 면접을 앞두고 있는데 두려운 감정이 든다고 해보자. 이럴 때 눈을 감고 취업에 성공한 후 새로운 일을 더없이 즐기는 내 모습을 상상해보는 것이다.

그렇다고 두렵고 불안한 마음을 극복하는 과정을 대수롭지 않은 것으로 치부하자는 말은 아니다. 특히 이런 감정이 마음속에 뿌리 깊이 박혀 있는 문제 때문에 튀어나오는 것이라면 그 과정은 아주 복잡하고 힘든 시련일 수 있다. 만약 그렇다 하더라도 포기하지 말고 꾸준히 노력해보자. 분명 점점 나아지는 자신을 발견할 수 있을 것이다.

몰입 트리거를 이용한다

앞에서 몰입에 들어가기 위한 절대적 조건 세 가지에 대해 이야기했다.

- 명확한 목표
- 나에게 주어진 난관을 극복할 수 있다는 자기 확신
- 긍정적인 피드백 루프

몰입에 자유자재로 들어가려면 이 세 가지 조건을 갖추어야 한다. 만약 각각의 조건들이 분명하다면 목표의 절반은

완수한 것이나 다름없다. 거기에서부터 수많은 트리거들의 도움을 받아 몰입 상태로 들어갈 수 있다.

스티븐 코틀러는 2014년 자신의 저서 『슈퍼맨의 부상(The Rise of Superman)』에서 17가지 몰입 트리거를 제시했다. 그리고 이 트리거들을 4가지 그룹으로 분류했다. 이제 이 네 가지 그룹에 해당하는 트리거들을 살펴보고 어떻게 하면 각각의 트리거들을 설계해서 몰입에 들어갈 수 있는지 알아보자.

↓ 몰입을 유도하는 트리거의 4가지 유형

몰입 트리거는 당신이 눈앞의 과제에 집중할 수 있게 해주는 동력이다. 당신을 몰입 상태로 이끄는 감각 신호라고 할 수 있다. 몰입하고 싶을 때 몰입에 들어가는 것은 언제나 단계가 있지만(여기에 관해서는 3부에서 다룰 것이다) 이 트리거들은 행동을 하라고 신호를 보내면서 길을 열어준다. 코틀러가 정의한 트리거에는 다음 네 가지 유형이 있다.

몰입은 과학이다

- 인지적 트리거
- 환경적 트리거
- 창의적 트리거
- 사회적 트리거

인지적 트리거는 당신의 마음에서 일어난다. 이 트리거는 강한 집중력, 명확한 목표, 목표와 관련된 적절한 기술 수준 보유, 노력과 관련한 피드백을 주는 존재 등이 포함된다. 이 것을 제외한 나머지 세 트리거는 몰입을 달성하기 위한 절대적 조건 세 가지와 거의 일치하기 때문에 필수적 조건이라 할 수 있다.

참고로 여기서 말하는 '적절한 기술 수준 보유'는 단순히 해당 과제를 실행할 정도의 기술이 있다는 것이 아니다. 해당 과제가 쉽지 않은 경우에도 불가능하다는 생각이 들지 않을 정도의 기술을 갖고 있어야 한다는 말이다. 이 말은 해당 과제가 너무 쉬워서 지루해도 안 되고 혹은 너무 어려워서 괴로워해도 안 된다는 뜻이다.

환경적 트리거는 당신을 둘러싼 주변 환경에서 일어난다. 여기에는 중대한 결과를 초래할 위험성과 역동적인 환경,

그리고 모든 외부 자극에 대한 깊은 인식 등이 포함된다. 각각의 요소들을 간략히 들여다보자. 첫째, 바람직하지 않은 결과를 초래할 위험은 필연적으로 집중력을 부른다. 예를 들어, 운동선수들은 경기에서 패배하는 상황을 두려워하기 때문에 집중할 수밖에 없는 환경에 처한다.

둘째, 역동적인 환경의 경우에도 비슷하다. 무슨 일이 일어날지 모르는 환경에 처할 때 우리는 집중하지 않을 수 없게 된다. 예를 들어 급류 래프팅을 한다고 해보자. 강물의 흐름과 근처에 있는 바위 등등에 신경을 쓰느라 집중할 수밖에 없게 된다. 셋째, 외부 자극에 대한 깊은 인식은 몸이 감각 정보를 처리하는 것을 말한다. 주변에서 내 몸의 감각을 자극하는 일들이 벌어지면 주의를 기울이게 되는 건 당연한 일이다. 예를 들어 사냥꾼이 사냥을 하러 나갔을 때는 멀리서 들리는 소리, 사냥감이 풍기는 냄새 등등 작은 것 하나에도 예민하게 반응하게 된다.

다음으로 창의적 트리거는 몰입의 경험과 복잡한 관계가 있다. 코틀러의 표현에 따르면, 창의적 트리거와 몰입은 양쪽이 모두 서로 다른 한쪽에 영양분을 공급하는 구조를 갖고 있다. 창의력은 몰입 유도를 돕고, 몰입은 다시 창의력이

몰입은 과학이다

솟아나도록 자극한다. 이 과정을 통해 몰입 속으로 점점 더 깊이 빠져든다. 애플의 창업자인 스티브 잡스에 따르면, 새로운 아이디어는 입력된 정보나 자극들 사이의 연관성을 인식하는 데서 나온다. 그는 다음과 같은 유명한 말을 남겼다.

"창의력은 단지 사물을 연결하는 것에 불과하다. 창의적인 사람들에게 무엇을 어떻게 했느냐고 물어보면 그들은 조금 죄책감을 느낀다. 왜냐하면 그들이 실제로 그 일을 한 게 아니라, 단지 무언가를 보았을 뿐이기 때문이다. 시간이 지나면서 그들의 눈에는 분명히 뭔가가 보였다. 이것이 바로 그들이 새로운 것을 만들어낼 수 있었던 이유다."

이 말은 창의력을 몰입의 트리거로 사용하는 관점과 일맥상통한다. 패턴과 연관성을 인식하면 당신의 뇌는 신경전달물질인 도파민을 방출한다. 이 호르몬은 집중력을 더 강하게 유지하여, 우리가 몰입 상태에 들어갈 수 있도록 도와준다.

그다음으로 사회적 트리거를 살펴보자. 이는 개인을 둘러싼 환경적 요인이라 할 수 있다. 사람들은 흔히 몰입 경험을 개인의 관점에서만 생각하곤 한다. 하지만 몰입은 공동의 목표를 달성하기 위해 협력하는 집단 안에도 존재할 수 있다.

이러한 사회적 트리거 중 일부는 앞에서 이미 언급했던 것들과도 유사하다. 여기에는 집중력과 명확한 목표, 바람직하지 않은 결과를 초래할 위험성(예컨대 실패 등)이 포함되어 있다. 코틀러는 사회적 트리거에 속해 있는 몇 가지 트리거들을 언급했는데 정리하자면 다음과 같다.

- 원활한 의사소통 능력
- 익숙함
- 블렌딩 에고(blending ego)
- 통제감
- 경청 능력
- 항상 긍정적으로 답하는 능력

이 중 몇몇 트리거는 명확하게 이해하고 넘어가는 게 좋겠다. '익숙함'이란 집단에서 통용되는 언어에 대한 이해도가 높다는 뜻이다. 그 언어가 반드시 음성 언어일 필요는 없다(예컨대 야구에서 수신호처럼). 다만 모든 구성원들이 이해하기만 하면 된다. '블렌딩 에고'란 집단 안에서 특정한 한 사

몰입은 과학이다

람이 주의를 독차지하지 않는다는 뜻이다. 모든 구성원이 동등하게 관여하고 참여하는 것을 말한다. '통제감'은 각 구성원들이 각자 자신의 능력으로 책임을 다한다는 뜻이다. 집단이 공동의 목표를 추구하므로, 구성원들은 모두 자신들에게 맞는 방식으로 제각각 자유롭게 과제를 처리한다. '항상 긍정적으로 답하는 능력'은 누군가 뭔가를 시키면 무조건 다한다는 뜻이 아니다. 집단의 구성원들이 서로를 비방하거나 다투는 것이 아니라 서로 협력하고 도움을 주기 위해 노력한다는 의미다.

지금까지 코틀러가 네 가지 유형으로 분류해서 설명한 몰입 트리거에 대해 알아봤다. 이런 트리거들에 대해 정확히 인지하는 것이 몰입으로 들어가는 첫걸음이라 할 수 있다.

나에게 맞는 트리거는 무엇인가?

여기서 설명한 몰입 트리거 중 몇 가지는 필수적이다. 이를테면 집중력과 아주 명확한 목표, 피드백 루프, 그리고 쉽지는 않지만 목표를 달성하는 데 필요한 기술들(즉, 인지적 트리거들)이 그것이다.

하지만 트리거가 없어도 몰입에 들어갈 수는 있다. 예를 들어 외부 자극에 대한 깊은 인식은 우리가 처한 상황이나 하는 일의 종류에 따라 덜 중요할 수도 있고 불필요할 수도 있다. 그와 마찬가지로, 코틀러가 설명한 사회적 트리거들 역시 독립적인 환경에서 일하는 사람들에게는 별로 중요하지 않다. 또한 일부 트리거들은 개인의 취향과 상황이 더 많은 영향을 끼친다.

그러므로 자신에게 맞는 트리거가 뭔지 찾아내는 것이 중요하다. 지금까지 설명한 트리거들을 자신의 삶에 적용해보고 비교해볼 필요가 있다.

예를 들어 위험성이 따르는 활동을 해본 다음 그 상황에서 집중력이 높아졌는지, 아니면 별 효과가 없었는지를 보는 것이다. 예를 하나 더 들자면, 어떤 활동을 다른 환경에서 해보는 것이다(예컨대 집에서 혼자 하거나, 북적이는 커피숍에서 하거나). 그런 다음 각각의 경험이 어떤 영향을 미쳤는지를 기록해본다.

역동적인 환경에 처했을 때 더 몰입해서 일할 수 있는 사람이 있는 반면에 오히려 그 반대의 경우도 있을 수 있다. 중

몰입은 과학이다

요한 건 사람마다 차이점이 있다는 것이다. 그러므로 자신에게 가장 잘 맞는 몰입 트리거를 발견하는 것이 중요하다.

가장 강력한 몰입의 훼방꾼

트리거는 몰입의 조건이지만 동전의 한쪽 면이라는 사실을 기억해야 한다. 그렇다면 동전의 반대쪽 면에는 뭐가 있을까? 바로 몰입의 적, 훼방꾼들이다. 이들을 방치하면 내가 쓸 수 있는 모든 트리거들을 활용해도 몰입에 들어가기 어려울 수 있다.

물론 당신이 이 훼방꾼들의 희생자가 될 필요는 전혀 없다. 그들의 정체를 파악하고 정면으로 대응해서 해결하면 그만이다. 여기서는 바로 그 적들을 하나하나 살펴보고 퇴치법을 알아보자(참고로 이 부분은 이 책의 목적과 가장 거리가 있

몰입은 과학이다

는 내용이지만 읽을 가치는 충분할 것이다).

↓ 누가 나의 몰입을 방해하는가?

주의가 산만하면 몰입 상태에 들어가기란 사실상 불가능하다. 흔히 주의력을 떨어뜨리는 원인으로 물리적인 환경을 꼽는다. 직장에서라면 시끄러운 동료나 중요하지 않은 회의, 한가로운 잡담 등이 그것이다. 집에서라면 근처 건설 공사장의 소음, 소란스러운 아이들, 예고도 없이 찾아온 이웃 주민 등이 당신의 집중력을 망가뜨린다. 물론 전화기와 인터넷, 소셜미디어도 빼놓을 수 없다.

그러나 몰입을 방해하는 요인은 외부가 아닌 내부에도 있다. 자꾸 떠오르는 생각이나 감정이 걸림돌이 되는 경우도 많다. 이를테면 돈 때문에 걱정이 많거나 어떤 인간관계 때문에 골머리를 앓고 있거나, 최근 벌어진 사건 때문에 고민이 있다면 몰입하기 힘들 것이다. 어떤 사람들은 스스로에 대한 회의감 때문에 힘들어하기도 한다(이에 대해서는 뒤에서 더 자세히 다룰 것이다).

사람들은 여러 방법을 통해 이런 방해 요인들을 줄이거나 없앤다. 예를 들어 사람들이 출근하기 전에 미리 사무실에 나가 일을 한다거나 일하는 시간에는 헤드폰을 쓴다. 또 꼭 필요한 회의가 아닌 경우에는 참석하지 않는다. 집에서는 다른 가족들에게 일하는 동안 방해하지 말아달라고(급한 일이 아닌 한) 미리 부탁하면 된다. 또 이웃 주민에게는 사전 약속 없이 방문하지 말아달라고 이야기해놓는다. 일의 우선순위를 정해서 상대적으로 나중에 해도 되는 일은 미뤄둘 수도 있을 것이다.

그런데 내면의 방해 요인들은 조금 더 복잡하다. 많은 사람들이 규칙적인 운동과 충분한 수면, 건강한 식단이 생각과 감정을 관리하는 데 도움이 된다고 생각한다. 물론 맞는 말이다. 그런데 내면의 방해 요인의 경우에는 그 사람이 처한 상황에 따라 아주 다양한 치료법을 써야 한다. 예를 들어 어떤 사람에게는 명상이 효과적이지만 또 어떤 사람에게는 심리 치료가 필요할 수 있다. 심리 치료의 경우에도 시각 치료가 효과적인 사람이 있고 언어 치료가 더 맞는 사람도 있다.

몰입은 과학이다

멀티태스킹

많은 사람들이 멀티태스킹 능력을 자랑스러워한다. 사람들은 바쁘고 혼란스러워도 여러 작업을 한꺼번에 할 수 있다고 믿는다. 하지만 이는 잘못된 생각이며 환상일 뿐이다. 원래 인간의 뇌는 다중 작업을 하지 않는다. 많은 사람들이 착각하고 있을 뿐이다. 실제로 뇌는 여러 작업들을 동시에 처리하는 것이 아니라, 한 작업에서 다른 작업으로 전환될 뿐이다(정확하게 표현하면 '작업 전환(task switching)'이라고 한다). 문제는 작업 전환에 너무 큰 대가를 지불해야 한다는 사실이다. 한 작업에서 다른 작업으로 주의력을 전환할 때마다 집중력과 가속도가 무너진다. 이를 전환 비용(switching cost)이라고 한다. 멀티태스킹을 하는 사람은 여러 작업을 동시에 처리하려고 시도할 때마다 스스로에게 이 벌금을 부과하는 것이나 다름없다. 자신이 원할 때 몰입을 경험하고 싶다면 멀티태스킹 자체를 통제해야 한다. 몇 가지 방법을 소개한다.

- 작업 중에는 전화기를 끈다(가능한 경우).

- 할 일 목록을 효과적으로 관리한다(작업의 우선순위를 정하고 각각의 작업을 완료하는 데 걸리는 시간을 추산한다).
- 시간이 부족하면 타인의 부탁과 요청은 거절한다(할 일 목록을 내세울 수 있다).
- 작업 공간에 널려 있는 잡동사니를 정리한다.
- 딴생각이 들 때는 그 생각을 기록해서 더 이상 주의력 자원을 낭비하지 않도록 한다.
- 일하는 동안에는 이메일을 확인하지 않는다.
- 한 가지 작업에 몰두하도록 훈련한다(처음에는 5분 동안 한 가지 작업만 하는 식으로 시작해서 서서히 시간을 늘려간다).

나는 멀티태스킹 습관을 고치기 위해 위의 방법들을 사용했다. 시간이 좀 걸리지만 효과는 있었다. 당신도 습관적으로 멀티태스킹을 하고 있다면, 이 방법들을 시도해보기 바란다.

내가 나를 믿지 못하면 일어나는 일

거의 모든 사람들은 내면의 비평가와 고군분투를 벌인다. 이 비평가는 자신의 생각과 결정, 행동을 폄하하는 일종의 내적 독백이다. 스스로 자신의 판단을 의심하고, 자신감과 자존감을 깎아내린다. 그냥 방치하면 결국 수치심과 무능감, 기타 암울한 감정으로 가는 문을 열 것이다.

어떤 사람들에게는 이 내면의 목소리가 몰입 상태로 들어가는 데 가장 큰 적이 된다. 내면에서 들려오는 비판의 목소리에 집착하면 자기 자신에 대한 확신이 점점 없어진다. 비판에 아무런 근거가 없을 때라도 그렇다. 자기 확신에 의심을 품게 되면 자신이 갖고 있는 기술과 지식조차 믿지 못하게 되고 당연히 몰입하는 능력도 손상된다.

그러므로 내면의 비평가를 잠재우고, 나의 능력과 자격에 확신을 갖는 연습을 해야 한다. 이것은 몰입의 전제 조건이다. 만약 내면의 비평가를 통제하기 어렵다면, 회의감이 고개를 들 때마다 다음과 같이 시도해보자.

- 내면의 비평가가 들려주는 말을 2인칭으로 적는다. 예를 들면,

"나는 결코 나를 사랑해줄 사람을 만나지 못할 거야"가 아니라 "너는 결코 너를 사랑해줄 사람을 만나지 못할 거야"라고 적어보는 것이다. 이 방법을 사용하면 자신에 대한 의심의 눈초리를 걷어낼 수 있다. 그 주장을 액면 그대로 받아들이기보다, 의문을 제기할 가능성이 더 높아지기 때문이다.

- 내면에서 들려오는 비난에 이의를 제기한다. 증거를 요구한다. 그런 다음 그 증거들을 세밀하게 조사한다(비난은 이 단계를 넘어가지 못할 것이다).

- 비난을 반박할 만한 사건들을 떠올린다. 예를 들어, 회사에서 여러 사람들과 함께 피드백을 주고받으며 프로젝트를 성공적으로 마무리했던 일을 상기한다.

- 내면의 비평가를 친구라고 생각하며 조언을 건네보자. 예를 들어 실의에 빠진 친구에게 "너는 무능하고 쓸모없어"라고 말하진 않을 것이다. 내면의 비평가에게도 마찬가지다. "그냥 실수한 거야. 별일 아니야. 누구나 그럴 수 있어. 그런다고 세상이 끝나는 게 아니야"라고 말해주는 것이다. 자기 자신에게도 똑같이 연민과 아량을 베풀길 바란다.

명심할 것은 내면의 비평가가 하는 말에는 근거가 없다

몰입은 과학이다

는 사실이다. 과거의 사건을 엄청나게 과장해서 하는 말들일 뿐이다. 예컨대 이별을 겪은 후에는 스스로 혐오감에 빠지고 다시는 자신을 사랑해줄 사람을 만나지 못할 것처럼 느껴진다. 또 직장에서 객관적인 업무 피드백을 받았을 뿐인데, 이것을 스스로 무능력하다는 말로 과장해서 받아들이는 경우도 많다. 이렇게 관점을 바꿔서 생각해보면 내면에서 들리는 비판의 목소리가 얼마나 근거 없는 것인지 그대로 드러난다. 그 허위성을 자꾸 드러내는 연습을 하자. 그러면 비판적인 내면의 목소리는 점점 작아지고 시간이 지나면서 완전히 사라질 수도 있다.

완벽주의

완벽주의는 비현실적이다. 그러나 많은 사람들이 이 사실을 무시하고 완벽주의를 추구한다. 때때로 이런 경향은 일시적인 바람에 지나지 않는다. 결국 이성이 돌아오면 우리는 그것이 현실적이지 않다는 것을 깨닫고 포기하게 된다.

하지만 어떤 사람들은 완벽주의에 집착한다. 그럴 때 그들은 그 안에 사로잡혀, 자신이 정한 이 불합리한 기대에 미치지 못하는 어떤 결과도 받아들이려 하지 않는다. 스스로이 기대에 부응하지 못하면 자신을 질타하고 불행과 불안을 느끼며 낙담한다.

완벽주의는 몰입과 반비례한다. 완벽주의에 더 깊이 사로잡힐수록 자신이 갖고 있는 기술과 능력에 대한 자신감이 줄어든다. 해당 과제를 까다롭지만 도전할 만한 일(몰입을 달성하는 데 필수적인 구성요소 중 하나)로 여기기보다 실패하게 될 일이라고 생각하게 된다. 이런 관점을 갖고 있으면 몰입에 들어가는 건 쉽지 않다. 실패(즉 완벽하지 못함)에 대한 두려움이 몰입을 방해하기 때문이다. 만약 완벽주의로 고생하고 있다면, 아래의 방법들을 시도해보자. 완벽주의를 극복하는 데 도움이 될 것이다.

- 실수를 하더라도 그것이 곧 재앙이 아님을 명심하자. 실수는 대부분 돌이킬 수 있다. 어떤 실수는 정말 대수롭지 않은 것이라 완전히 무시해도 괜찮다.
- 완벽을 추구하느라 들인 시간과 노력, 스트레스가 자신의 목표에 비추어 가치 있는 것인지 자문해본다. 이 방법을 통해 더 큰 그림을

몰입은 과학이다

볼 수 있게 될 것이다.

- 오늘 내가 쏟은 노력을 '초고'라고 생각한다. 원래 초고에는 오자도 있고 오류도 많이 있을 수밖에 없다. 원고를 수정하는 과정에서 오류를 잡아낼 수 있다는 사실을 기억하자. 그러면 시도하는 것에 대한 두려움이 줄어들 것이다.

- 어제보다 더 나아진 내 모습을 되돌아보고 축하해준다. 실수도 있었지만 분명 성취한 일이 있을 것이다.

- 내가 지금 이 일을 왜 하고 있는지 생각해본다. 그러면 세부 사항에 집착하기보다는 전체적인 큰 그림을 볼 수 있게 된다.

몰입에 들어가려면 완벽주의는 버리는 게 좋다. 완벽해지려는 마음에서 벗어나면 자신이 갖고 있는 능력을 편안하게 펼칠 수 있다. 그러면 어떤 일에 도전하든 불안한 마음보다는 편안한 마음으로 할 수 있게 된다. 이것이 흔히 우리가 말하는 자신감이다.

스트레스

스트레스는 몰입의 은밀한 파괴자다. 스트레스는 조용히 몸집을 불리면서 내가 처한 힘든 상황에서 비롯되는 부정적인 생각과 감정을 먹고 자란다. 스트레스라는 훼방꾼이 내 몸을 잠식하면 집중력에 써야 에너지를 소모해버린다. 그러면 집중하는 능력은 분산되고 머릿속이 불안감으로 채워진다.

만약 정신적 외상을 초래할 정도의 사건을 겪은 후라면 스트레스는 필연적이다. 예를 들어 이혼이나 심각한 질병 혹은 부상, 또는 사랑하는 누군가의 죽음 같은 것들이 그렇다. 이보다 더 사소한 사건 때문에도 스트레스는 생긴다. 돈 문제나, 직장에서 받는 압박감, 외로움 같은 것들이 그것이다. 혹은 배우자와 말다툼을 해서, 회사 동료와 갈등이 있어서, 아침 출근길에 가벼운 접촉 사고를 당해서 스트레스를 받을 수도 있다. 이렇듯 스트레스는 삶에서 필연적이지만 제대로 관리하지 못하면 마음속에 차곡차곡 누적되어 생각과 판단, 행동에까지 영향을 미친다. 그러면 몰입에 들어가는 일도 힘들어진다. 스트레스 때문에 집중이 힘들다고 느낀다면 다음과 같은 방법들을 써보자.

- 여가 활동을 위해 따로 시간을 낸다. 소설을 읽든 음악을 듣든 온라인 체스를 두든 자신이 즐거운 일, 흥미로운 일에 에너지를 쓴다. 좋아하는 활동에 대해 일정 계획을 세우고 이를 다이어리에 표시해둔다.
- 운동, 스트레칭, 산책 등을 통해 내 몸을 관리한다.
- 명상, 심호흡 연습, 뉴스 안 보기 등을 통해 내 마음을 관리한다.
- 충분한 수면을 취한다. 수면을 개선하는 저녁 루틴을 만든다(예를 들어 자기 전에 전자기기 사용하지 않기).
- 자신의 문제나 감정을 솔직하게 이야기할 수 있는 사람들과 시간을 보낸다.

물론 이런 방법들은 수많은 스트레스 해소 방법 중 일부일 뿐이지만 기본적인 역할은 해낼 수 있을 것이다. 사람에 따라 훨씬 더 깊고 다양한 방법이 있을 수 있다는 건 당연한 말일 것이다. 또한 여기에서 말하는 스트레스 유형은 부정적인 스트레스라는 것에 주목할 필요가 있다. 부정적인 스트레스는 불안감을 높이고, 투쟁 또는 도피 반응을 유발한다. 이와는 다른 유스트레스, 즉 긍정적인 형태의 스트레스는 뇌 과학적으로 살펴보면 다른 영역이다. 긍정적인 스트레스는 동기를 부여하고 에너지를 충전해준다. 오히려 신이 나고 의욕이 솟구치는 것이다. 휴가를 계획하거나 새로운 일을 시작할 때 느낄 수 있다.

↓ 거절하지 못하는 성격

간혹 "노(No)"라고 말해야 하는 순간에도 "예스(Yes)"라고 말할 때가 있다. 다른 사람을 돕고 싶거나 갈등을 피하고 싶어서 거절하지 못하는 순간이 누구에게나 있다. 하지만 사람들의 요구에 "예스"만 하다 보면 몰입을 경험하는 일은 불가능에 가까워진다. 하루하루가 약속으로 꽉 차게 되면 나 자신을 위한 시간은 사라진다. 천천히 휴식을 취하면서 재충전하거나 자신이 좋아하는 일을 할 시간도 없어진다. 그러면 내 몸과 마음을 돌볼 수 있는 시간이 사라지기 때문에 몰입할 수 없게 되고 결국 삶의 질이 떨어진다.

만약 누군가의 기대에 부응하지 못할까 봐 걱정이 된다면? 누군가를 도와주기로 했는데 도움이 되지 못할까 봐 전전긍긍한다면? 이런 걱정에 휩싸이게 되면 마음은 불안해

몰입은 과학이다

지고 갈대처럼 이리저리 흔들린다. 몰입을 달성하는 데 필요한 명확성과 차분함이 어디론가 사라져버린다는 말이다. 그렇다면 어떻게 해야 할까? "노"라고 말하는 법을 배우면 된다. 만약 습관적으로 "예스"라고 말하고 있다면 아래 방법들을 이용해보자.

- 나에게 중요한 것이 무엇인지 파악한다(내가 나 자신을 잘 알면 시간을 어떻게 써야 하는지 명확해진다).
- "아니오"라는 말은 요청을 거절하는 것이지, 요청한 사람을 거절하는 게 아니라는 걸 인지한다.
- 품위 있게 거절할 수 있는 대답 몇 가지를 미리 생각해둔다("도와주고 싶지만 지금은 바빠서 눈코 뜰 새도 없어").
- 대안을 제시한다("오늘하고 내일은 일정이 꽉 찼어. 목요일도 괜찮아?").
- 솔직하고 분명하게 말한다("음, 잘 모르겠어…"라고 하지 말고 "안 돼, 오늘 밤은 못 가"라고 확실히 말한다).
- 기회를 놓치는 것에 대해 편안하게 받아들인다.

거절하는 법을 잘 배워두면 나에게 있는 한정된 자원을

타인에게 헌납하기보다는 나 자신을 위해 사용하는 법을 터득하게 된다. 또 통제감과 차분함을 즐길 수 있게 된다.

번아웃

스트레스가 지속되면서 몸과 마음이 지칠 때 번아웃이 온다. 말 그대로 에너지를 다 불태워버리고 재만 남은 상태가 되어버리는 것이다. 특히 번아웃은 직장 생활과 관련된 경우가 많다. 압박감을 느끼며 장시간 일을 해야 하거나 마음에 들지 않는 직장에 억지로 나가야 하는 경우, 끊임없이 돌아오는 마감에 시달리는 경우에는 일과 삶의 밸런스가 깨지면서 엄청난 타격을 받는다. 그렇게 되면 매사에 냉소적이고 불안과 짜증이 늘어난다. 이런 번아웃 상태를 방치하면 우울증과 사회적 단절, 그리고 약물 남용 등으로 이어질 수 있다.

물론 직장뿐 아니라 집에서도 번아웃을 경험할 수 있다. 최근 많은 사람들이 재택근무를 하게 되면서 집에서 겪는 번아웃에 대한 이야기도 심심치 않게 나오고 있다. 구직 웹

몰입은 과학이다

사이트 몬스터가 실시한 2020년 여론조사에 따르면, 재택근무자의 69퍼센트가 집에서 일하던 중 번아웃 증상을 경험한다고 한다.[주4]

당연한 말이지만 번아웃과 몰입은 반비례한다. 번아웃을 겪을 때 몰입을 경험하기란 불가능에 가깝다. 이에 대한 연구 결과도 있다. 2022년에 발표된 연구 결과에 따르면 일반적인 번아웃 증상들(탈진, 냉소, 소외감과 단절 등)이 몰입을 방해하는 것으로 나타났다.[주5]

그렇다면 번아웃을 미리 예방하거나 번아웃이 왔을 때 극복할 수 있는 방법에는 어떤 것들이 있는지 살펴보자.

- 가족과 친구, 동료들과 교류한다. 사회적 상호작용은 스트레스를 완화해주기도 한다. 다만 그들 중 부정적인 사람이 있다면 만나지 말고 피해라.
- 내가 왜 일하는지에 대해 다시 한번 생각해본다. 예를 들어 내가 교사라면 행정 담당자들의 답답함 같은 문제는 생각하지 말고 학생들을 가르치는 데만 집중해보는 것이다. 또 회사원이라면 회사의 여러 가지 불합리한 조건이 아니라 지금 내가 진행하고 있는 프로젝트에만 집중해본다.

- 일과 나 사이의 경계, 인간관계의 경계를 정한 후, 그 선을 넘었을 때는 거절한다.
- 규칙적으로 휴식을 취한다. 쉬지 않고 일하고 싶은 마음이 클 때도 일부러 시간을 내어 쉰다. 특히 마감일이 다가오고 있다고 해서 쉼 없이 일하지 말고 중간중간 단 몇 분이라도 심호흡을 하고 명상을 하면서 재충전하는 연습을 한다.
- 진지하게 자기 관리를 해야 한다. 아무리 바빠도 충분히 자고 규칙적으로 건강한 식단을 챙겨 먹는다. 또 매일 단 몇 분이라도 꾸준히 운동한다.

번아웃은 심각한 문제다. 그것이 몰입을 방해하기 때문만이 아니라 삶의 질에 너무 큰 영향을 미치기 때문이다. 의도적으로 조치를 취해 번아웃을 관리하거나 피한다면, 당신은 정신적으로나 신체적으로 훨씬 더 건강하게 살 수 있을 것이다. 그렇게 되면 몰입하고 싶을 때 몰입하는 능력을 가질 수 있다.

목적의 부재

모든 일에 분명한 목적이 있다면 좋겠지만 이 일은 생각보다 쉽지 않다. 그런데 내가 왜 이 일을 하는지 그 목적이 분명하다면, 내가 무엇을 얻기 위해 지금 이렇게 노력하고 있는지 분명히 안다면 삶은 명쾌해진다. 나의 어떤 행동도 명확한 목표에서 나오는 것이기 때문에 흔들리지 않게 된다.

예를 들어 등산가의 목적은 산의 정상을 정복하는 것이다. 그들에게는 이런 명확한 목적이 있기 때문에 중간에 포기하지 않고 집중력을 유지할 수 있다. 그런데 목적이 분명하지 않을 때는 어떻게 될까? 무엇을 먼저 어떻게 해야 할지 갈피를 잡지 못하면서 방향 감각을 잃기 쉽다. 목적이 없으면 '내가 지금 이 일을 왜 하고 있지?'라고 스스로에게 회의적인 생각이 들면서 자신의 결정과 행동을 후회하게 된다. 그리고 이런 마음 상태라면 몰입은 불가능해진다.

목적이 불분명해지는 이유에는 여러 가지가 있다. 사랑하는 사람과의 갈등, 동료들이 나에게 갖는 기대치에 대한 부담감 혹은 단순히 수면 부족에서 오는 피로감 등등이다. 그렇다면 어떻게 해야 분명한 목적의식을 가질 수 있을지 그 방법에 대해 알아보자.

- 단기적으로 성취하고 싶은 것들을 구체적으로 적는다. 예를 들어, "다음 시험에서 만점을 받고 싶다"거나 "이번 달 말까지 이 소설을 완성하고 싶다"처럼 구체적으로 쓰면 된다.

- 그와 함께 이 목표를 달성하고 싶은 이유를 써본다. 이유가 분명할수록 취해야 할 행동의 명확성도 훨씬 분명해진다.

- 성공을 판가름할 기준을 정한다. 이는 단순할수록 더 좋다. 예를 들어 다음 시험에서 몇 점 이상이라는 기준을 정하는 것이다. 그렇게 되면 목표 달성 여부가 분명해진다.

- 만약 실패할 경우 어떻게 할 것인지 구체적인 시나리오를 작성해 둔다. 실제로 그런 일이 생겼을 때 일어나는 일보다 덜 가혹할 것이다.

- 만일의 경우에 대비해서 또 다른 계획도 세워둔다. 예를 들어 목표로 한 점수를 얻지 못했다면 어떻게 할 것인지, 공부에 더 많은 시간을 들여 그다음 시험에 대비할 것인지 혹은 체력 단련법을 바꿔볼 것인지를 생각해보는 것이다.

이 절차를 꾸준히 자신의 상황에 맞게 적용해보면 훨씬

몰입은 과학이다

나아질 것이다. 목적이 분명해지면 불안했던 마음이 가라앉고 자기 확신과 차분함을 느낄 수 있다. 만약 목적의 부재라는 장애물만 제거할 수 있다면 내가 원하고 필요할 때 몰입에 들어가는 일은 별로 어려운 일이 아니다.

3부

—

몰입으로
들어가는
10단계
프로세스

몰입을 경험하는 형태는 사람마다 다르다. 몰입의 보편적인 특징인 강한 집중력과 수월함, 통제감 등은 모두가 느끼는 것이지만 그 외 다른 특징들은 사람마다 제각각이다. 그 사람의 독특한 개성이나 하는 일에 따라서 달라지는 경우가 많다.

예를 들어, 운동 선수들은 몰입에 들어가면 자신의 심장박동과 호흡, 근육의 긴장 등이 훨씬 더 강하게 느껴진다고 말한다. 또 학생들의 경우에는 몰입 상태에서 식사를 거르거나 약속이나 다른 할 일 등등을 곧잘 잊어버린다고 말한다. 그 반면에 집에서 일하는 사람들은 몰입할 때 차분함과 만족감을 느낀다고 말한다.

이렇듯 몰입을 경험하면서 느끼는 증세는 사람마다 제각각인데, 몰입을 점화하는 과정은 놀랍도록 비슷하다. 이 말은 몰입에 들어가기 위해 예상치 못한 변수를 생각할 필요가 없다는 뜻이다.

그러니 얼마나 다행인가. 정해진 방법대로만 하면 마음대로 몰입에 들어갈 수 있다니 말이다. 이번 장에서는 그 방법을 이야기할 것이다.

미리 알아둘 사항 한 가지는 몰입에 들어가는 것도 마치 신기술을 개발하는 것처럼 연습이 필요하다는 것이다. 이 때문에 몰입으로 들어가는 각각의 단계마다 도움이 될 만한 간단한 연습 방법들을 덧붙였다. 연습은 반드시 해보는 게 좋다. 각자 자신에게 맞는 속도로 하면 된다.

자, 그럼 시작해보자.

1단계:
워밍업 루틴 만들기

모든 사람에게는 일상의 루틴이 있다. 직장이나 집에서 자신도 모르게 자기만의 루틴으로 하루를 채운다. 이 말은 루틴을 제대로 이용하기만 하면 일상의 패턴을 바꿀 수 있다는 뜻이기도 하다. 아침에 일어나 자신만의 특정한 루틴을 치르고 나서 긍정적인 하루를 시작하거나 하루를 다 끝낸 저녁에 자신만의 루틴으로 하루를 마무리한다면 다음 날을 준비하는 데 도움이 될 것이다. 이렇게 루틴만 잘 갖춰놓으면 그때그때 모든 행동을 일일이 생각하면서 계획하지 않아도 된다. 이를테면 잠자리에 들기 전에 이를 닦아야 한다는 생각을 의식적으로 하지 않아도 몸이 알아서 그 일을 수행하는 것과 같은 이치다.

루틴의 또 다른 역할은 몰입 상태에 들어갈 수 있도록 트리거 역할을 해준다는 것이다. 뭔가 중요한 일을 하기 전에 뇌에 신호를 보내 앞으로 일어날 사건에 집중할 수 있도록 유도할 수 있다. 예를 들어, 운동선수는 경기가 시작되기 전에 워밍업 루틴을 수행한다. 식사와 훈련을 정확하게 관리해서 경기 자체에 집중할 수 있도록 뇌에 신호를 보내는 것이다. 이와 마찬가지로 학생들은 수업에 집중하기 전에 워밍업 루틴을 만들어 실천할 수 있다. 이 의식을 통해 뇌에게 모든 주의력 자원을 수업에 집중하라고 신호를 보내는 것이다. 그 외에 많은 직종의 사람들이 워밍업 루틴을 활용할 수 있다.

- 예술가가 작품에 집중하기 전에 10분 동안 잡다한 것을 종이에 끼적인다.
- 요리사가 음식을 준비하기 전에 주방을 점검하고 저녁 메뉴를 검토한다.
- 교사가 그날 수업에서 쓸 자료를 준비한다.

몰입은 과학이다

스티븐 코틀러(앞서 소개한 『슈퍼맨의 부상』의 저자)는 집중을 하면 몰입이 따라온다고 말했다. 그의 말처럼 몰입 전에 집중할 수 있는 의식을 치르면서 뇌에 신호를 보낸다. 이런 의식은 일단 습관이 되면, 거의 조건반사와 같은 효과를 낸다. 굳이 억지로 노력하지 않아도 몸이 알아서 해당 과제에 집중하도록 뇌가 반응하는 것이다. 자, 그러면 이제 몰입의 워밍업 루틴을 만들어보자. 여기서 중요한 건 내가 지킬 수 있는 나만의 루틴을 만든다는 것이다.

EXERCISE #1

첫째, 집중이 잘됐을 때 도움이 되었던 요소가 뭐였는지 기억을 더듬어서 적어본다. 호흡을 크게 한다거나 잔잔한 음악을 틀었을 때 혹은 요가나 명상이 도움이 됐을 수도 있다. 어떤 사람들은 산책이 효과적이라고 말하기도 한다. 당신의 기억을 더듬는 데 도움이 될 수 있는 활동들을 소개하면 다음과 같다.

- 특정 유형의 퍼즐 풀기(십자말풀이, 단어 찾기 게임, 논리 게임, 스도쿠 등).
- 특정 유형의 음악 듣기(클래식, 재즈 등).
- 뒤집기 카드를 사용해서 암기 연습하기.
- 약간 긴 텍스트를 읽으면서 필기하기.
- 가만히 앉아서 한 가지 일에 집중하기(팟캐스트 등).

둘째, 집중하는 데 도움이 되었던 환경 요인들을 적어본다. 어떤 사람들은 창문이 없는 작은 방에 혼자 있을 때 더 집중이 잘 된다고 말한다. 이와는 정반대로 배경 소음이 있는 환경(커피숍이나 번잡한 사무실)에서 집중이 더 잘 된다는 사람들도 있다. 다음은 사람들에게 도움이 되었던 몇 가지 트리거들이다.

- 시계가 똑딱거리는 소리.
- 환풍기에서 발생하는 주변 소음(이건 나의 경우였다).
- 특정 유형의 음악(모차르트의 피아노 소나타 등).
- 낮은 잡담 소리.
- 최소화된 작업 공간.

몰입은 과학이다

- 밝은 조명.

- 충분한 공간(널찍한 느낌).

  셋째, 지금까지 작성한 것들을 토대로 나만의 몰입 워밍업 루틴을 만든다. 물론 이때 여러 가지 실험을 해볼 필요가 있다. 여러 가지를 조합해서 테스트해보고 자신에게 가장 효과적인 루틴이 뭔지를 파악하는 것이 중요하다. 시간을 갖고 자신만의 워밍업 루틴을 찾아보길 바란다.

소요 시간 : 15분

◐ 나만의 워밍업 루틴 적어보기

2단계 :
나의 에너지 피크 타임 확인하기

몰입에 앞서 먼저 집중력을 발휘해야 한다는 건 누구나 알고 있을 것이다. 그런데 집중하는 데는 많은 에너지가 소모된다. 몸이 힘들고 무기력할 때 집중하기 힘든 건 이 때문이다. 그러므로 나의 에너지 피크 타임이 언제인지를 파악해야 한다. 그러면 그 시간에 집중적으로 몰입이 필요한 일을 하면 된다.

사람의 몸에는 생체 시계가 있다. 이 시계는 세 가지 생체 리듬을 좌우한다. 첫 번째 24시간 주기 리듬(circadian rhythm)은 모두 알고 있을 것이다. 이것은 햇빛에 의해 조절되는 것으로 24시간 주기로 순환된다. 간단한 예로 햇빛이 없을 때 우리 몸은 잠을 자게 되고, 햇빛이 비출 때는 잠에서 깨어나라는 신호를 받는다.

두 번째 생체 리듬은 하주일 리듬(infradian rhythm)인데 이것은 24시간 이상 지속되는 주기를 말한다. 몇 주, 몇 달, 또는 훨씬 더 긴 간격으로 순환되는 것인데 대표적인 예로는 월경 주기와 임신 주기 등이 있다.

그리고 가장 흥미로운 것은 바로 세 번째 유형인 초주일 리듬(ultradian rhythm)으로 이것은 24시간 이내의 주기를 말한다. 경우에 따라 몇 시간, 또는 몇 분이나 몇 초 단위 간격도 있을 수 있다. 여기에 해당되는 생체 리듬으로는 심박수나 식욕, 코르티솔이나 아드레날린 같은 호르몬 분비 등이 있다.

초주일 리듬은 몰입(혹은 생산성)과 가장 밀접한 관계가 있는 생체 리듬이다. 에너지를 얼마나 효율적으로 쓸 수 있는지에 큰 영향을 미치기 때문이다. 내가 갖고 있는 특정한 초주일 리듬을 선택해서 그 간격을 확인하면 몰입할 수 있는 가장 최적의 시간이 언제인지를 알 수 있다.

가장 먼저 우리가 살펴봐야 할 초주일 리듬 중 하나는 기본 휴식 활동 주기(BRAC, basic rest-activity cycle)다.

기본 휴식 활동 주기는 어떻게 작동하는가?

1950년대에 기본 휴식 활동 주기를 처음 설명했던 심리학자 너새니얼 클라이트먼(Nathaniel Kleitman)에 따르면, 이 주기는 약 90분 동안 지속된다. 전반부 동안 우리는 초롱초롱한 정신으로 자각 상태를 유지한다. 이 시간 동안은 쉽게 집중할 수 있다. 하지만 주기의 마지막 20분 동안은 피로감을 느낀다. 이 시간에는 집중하기도 좀 더 힘들어진다.

우리 몸에서 에너지의 흐름이 변하는 현상은 보통 이 주기에서 발생한다. 이 주기는 사람마다 발생 시간과 지속 시간이 다르다(사람에 따라 80분 주기일 수도 있고 120분 주기일 수도 있다).

또 한 가지 생각해봐야 할 초주일 리듬은 렘수면(REM sleep)과 비렘수면(NREM sleep) 주기다. 이 주기는 약 90분 동안 지속되며, 에너지 피크 타임과는 그다지 관계가 없다. 하지만 잠을 자는 동안 에너지가 비축되므로 이 주기가 어떻게 작동하는지 이해하는 것도 중요하다.

수면에도 주기가 있다

각 수면의 주기는 네 단계로 진행된다. 앞의 세 단계는 비렘수면(즉 비급속안구운동non-rapid eye movement 수면)으로 N1, N2, N3로 구분된다. 마지막 단계가 렘수면이다.

N1 단계에서 우리 뇌는 느려지고 몸은 긴장을 풀려고 시도한다. 이 단계는 최대 7분까지 지속된다. N2 단계에서는 심장박동과 호흡이 느려지며 근육이 이완된다. 이 단계는 10분에서 25분 정도 지속된다. N3는 깊은 수면 단계다. 이 단계에 들어가면 우리 몸은 완전히 이완된다. 지속 시간은 20분에서 40분 사이다. 잠에서 깨어났는데 정신이 혼미하다면 N3 단계라고 보면 된다.

뇌는 마지막 단계인 렘수면을 하는 동안 활성화된다. 이 단계는 10분에서 60분 정도 지속되는데 그동안 우리는 생생하고 다채로운 꿈을 꾼다. 렘수면은 기억력 및 창의력과도 관련이 있다. 또 전문가들은 렘수면이 감정을 처리하는 데

몰입은 과학이다

도 도움이 된다고 믿는다.

만약 렘수면을 충분히 취하지 못하면 깨어 있는 동안 집중하기가 더 어려워진다. 더 피곤하고 더 쉽게 산만해지기 때문이다. 생각하는 능력도 잘 발휘할 수가 없다. 그렇게 되면 오랫동안 몰입하는 일은 불가능에 가까워진다. 나의 에너지 피크 타임이 언제인지 알려면 다음 두 가지를 선행해야 한다.

- 나의 기본 휴식 활동 주기를 확인한다.
- 렘수면과 비렘수면 주기를 잘 이해하고 받아들인다.

다음 연습은 이 두 가지를 정확히 알기 위해 만든 훈련법이다.

EXERCISE #2

{ Part I } 나의 기본 휴식 활동 주기 확인하기

펜과 종이 한 장을 준비한다. 우리는 연속 3번의 작업 시간 동안 몸의 신호를 추적할 것이다. 이 연습은 주의를 분산시키는 요소가 적은 공간에서 해보는 게 좋다. 또 전날 밤에 충분히 숙면을 취하고 배고픔 때문에 주의가 분산되지 않도록 음식을 먹어둔다.

기본 휴식 활동 주기의 기준치는 90분이지만 사람마다 다를 수 있다.

첫 번째 작업 회차를 시작할 때 시간을 기록해둔다. 그러고 나서 작업을 진행할 때 각성도와 집중 능력에 주의를 기울인다. 두 가지 모두 초반에는 높을 것이다. 하지만 어느 시점이 되면 약해지기 시작한다. 여기서 목표는 집중력이 약해지기까지 시간이 얼마나 걸리는지, 그것을 알아내는 것이다. 작업 도중 집중하기 힘들다는 느낌이 들기 시작하면 바로 그 시간을 적는다. 자, 적었다면 이제 30분간 휴식을 취한다. 지금 기록한 시간이 이제부터 나의 새로운 기준치다. 두 번째 작업 회차에서 이 기준치를 검증해볼 것이다.

두 번째 작업을 시작할 때 역시 시간을 기록해둔다. 이번에도 몸과 정신이 얼마나 집중하고 있는지에 주목한다. 그리고 집중력이 떨어지기 시작할 때 다시 시간을 기록한다. 그러고 나서 또 30분간 휴식을 취한다.

마지막으로 이 과정을 한 번 더 반복한다. 작업을 시작하는 시간을 기록하고, 집중력이 떨어지는 시간을 기록한다. 이렇게 세 번 반복해서 확인해보면 나의 기본 휴식 활동 주기를 어느 정도 파악할 수 있다.

소요 시간 : 6시간

{ Part Ⅱ } 렘수면과 비렘수면 주기 확인하기

수면 주기를 추적 관찰하는 일은 쉽지 않다. 여기서는 당신의 수면이 자연스러운 4단계 패턴 즉 N1, N2, N3, 그리고 렘수면이라는 단계에 따라 진행된다고 가정하고 이 주기대로 편안하게 잠들 수 있도록 지원하는 방법을 소개해본다. 실제로 많은 사람들이 수면의 질을 높이는 데 효과를 봤던 방법들이다. 자, 아래 요소들은 자기 전에 하지 말아야 할 것들이다. 의도적으로 이 원칙을 지키고 나서 잠을 청해본다.

- 카페인 섭취(6시간 전)
- 알코올 섭취(4시간 전)
- 흡연(3시간 전)

- 음식 섭취(3시간 전)

- 기타 음료 마시기(3시간 전)

- 전자 기기 사용(30분 전)

잠에서 깨면 평소대로 아침 일과를 수행한다. 뇌가 잠에서 깨어나는 데 적응할 시간을 준다. 그런 다음 기분이 어떤지 기록해본다. 정신이 맑고 휴식을 취했다고 느끼는가? 아니면 피곤해서 몸을 가누기 힘든 느낌인가?

수면을 방해하는 가장 일반적인 요소만 제거해도 수면의 질이 좋아졌다고 느낄 수 있다. 이렇게만 해도 우리 몸은 밤 동안 자연스럽게 렘수면과 비렘수면 주기를 반복적으로 경험한다. 다음으로 숙면을 취하는 데 도움이 되는 요소들을 정리해본다.

- 침실은 조용하고 어둡게 조절한다.

- 방의 온도를 나에게 편안한 상태로 맞춘다(방 안의 온도와 침구를 고려해서).

- 매일 밤 일정한 시간에 잠자리에 든다.

- 오후에 낮잠을 잘 경우 30분 이내로 한정한다.

몰입은 과학이다

- 낮에 운동한다.
- 수면 루틴을 만든다(책 읽기, 따뜻한 물로 샤워하기, 편안한 노래 듣기 등).

이 요소들을 적용하고 나서 잠을 청하고 아침에 일어나서 어떤 기분이 드는지 느껴보자. 정신이 맑은 느낌인가, 아니면 피곤해서 몸을 가누기도 힘든 기분인가?

많은 사람들이 잘 자고 싶어서 몸부림치지만, 수면의 질을 개선하기 위한 조치들은 소홀히 한다. 위 방법을 실천하면 밤에 더 잘 잘 수 있게 된다.

숙면을 취하고 나면 다시 낮에 기본 휴식 활동 주기를 온전히 이용할 수 있고, 궁극적으로 나의 에너지 피크 타임을 확인하는 데도 도움이 된다.

소요 시간 : 3일

3단계 :
집중을 방해하는 요소 제거하기

주의가 산만한 환경에서는 당연히 몰입이 불가능하다. 또 정신적으로 신경 쓸 데가 많아서 주의력이 분산되어도 마찬가지로 몰입이 힘들어진다. 만약 몰입하는 능력이 탁월하다면 방해 요인이 있어도 영향받지 않고 주의력도 분산되지 않을 수도 있지만, 그런 경지에까지 이르는 것은 또 다른 문제다.

우선 해야 할 일은 집중을 방해받지 않는 환경을 만드는 것이다. 그러려면 나의 몰입을 방해하고 신경을 분산시키는 요소들을 찾아내서 최소화할 필요가 있다.

몰입은 과학이다

앞서서 집중력을 방해하는 요인에는 두 가지 형태가 있다고 말했다. 하나는 내면의 방해 요인이고 또 다른 하나는 외부의 방해 요인이다. 여기서는 외부의 방해 요인을 없애는 데 초점을 맞출 것이다.

어쩌면 당신은 주변 환경은 어쩔 수 없는 것 아니냐고 말할지도 모른다. 하지만 알고 보면 간단한 조치만으로도 방해 요인의 대부분을 걸러낼 수 있다. 자 그럼 이제 시작해 보자.

주의력 분산을 막기 위한 7가지 방법

주의력을 분산시키는 요인들은 사람마다 다양하다. 예를 들어 어린 자녀가 있는 부모라면 자녀가 없는 사람들은 신경 쓰지 않아도 될 방해 요인이 많을 것이다. 회사라면 관리자와 일반 사원들이 느끼는 방해 요인이 크게 다를 것이다.

일반적으로 생각해볼 수 있는 방해 요인들도 많다. 이를테면 옆자리에서 들리는 대화 소리, 오지랖 넓은 동료와 가족, 시끄러운 건설 공사 소음, sns, 채팅방 신호음 등등이 있다.

조명이 좋지 않거나 의자가 불편하거나 작업 공간이 어수선해도 집중력이 흐트러진다. 이런 방해 요인들이 끊임없이 내 신경을 건드릴 때는 진정한 몰입을 즐기기는커녕 가벼운 집중도 할 수가 없다. 그렇다면 어떻게 해야 할까? 우선 다음 7가지 방법으로 방해 요인을 차단해보자.

1. 휴대폰에서 '방해 금지' 기능을 활성화한다.

2. 사무실에서는 헤드폰을 사용한다(잡담을 거는 사람들을 사전에 차단하고 주변 소음을 줄일 수 있다).

3. 문이 있으면 닫는다.

4. 이메일 프로그램을 닫는다.

5. 웹 접속을 차단하는 앱을 사용한다(프리덤Freedom 등의 어플은 모든 플랫폼에서 사용 가능한 앱이다).

6. 가능하면 자신만의 독립된 공간(회사의 경우 칸막이 등을 통해 개인 공간을 확보하고 재택근무의 경우에는 사무 공간을 별도로 확보해야 한다)에서 작업한다.

7. 정해진 시간 동안 방해받지 않고 일해야 한다는 사실을 주변 사람들에게 미리 알린다.

이 7가지 기본 조치만 취해도 방해 요인들을 상당 부분 줄일 수 있을 것이다. 어떤 요소들은 완전히 제거하는 것도 가능하다. 물론 사람마다 처한 상황은 각각 다르다. 어떤 사람에게는 방해 요인이지만 또 다른 어떤 사람에게는 아닐 수도 있다. 그러므로 나의 경우 어떤 요소에 가장 신경을 많이 뺏기는지, 그것을 파악하는 것도 중요하다. 그러기 위해서는 다음과 같이 해보자.

EXERCISE #3

집에서 하는 활동 중 내가 가장 중요하다고 여기는 것은 뭘까 생각해보자. 기타를 연주하는 게 중요하다는 사람도 있을 것이고 책을 읽거나 소설을 쓰는 일이 가장 중요한 사람도 있을 것이다. 또 외국어 공부를 하고 있거나 특정한 시험을 준비하고 있다면 현재 그것이 가장 중요할 것이다. 그렇다면 이번에는 집에서 나의 집중력을 방해하는 게 뭔지 생각해보자. 그러고 나서 그것을 모두 적어보자. 다음은 많은 사람들이 꼽은 집 안의 방해 요소들이니 참고해보자.

- 텔레비전

- 휴대폰

- 가족

- 룸메이트

- 인터넷

- 집안일

- 시끄러운 이웃 주민

- 손님

방해 요소 리스트를 다 적었다면 그 옆에 미치는 영향에 따라 1부터 5까지 점수를 매긴다(1은 '영향이 매우 크다'이고 5는 '영향이 매우 적다'이다). 예를 들어 휴대폰은 집중력에 큰 위협이 될 수 있지만, 텔레비전은 전혀 아무렇지도 않을 수 있다.

이렇게 구체적으로 적어보면 뭐가 문제인지 더 확실히 알 수 있다. 직장에서 나의 집중력을 방해하는 요소 리스트도 같은 맥락에서 적어본다. 다음은 많은 사람들이 꼽은 직장 내 방해 요소들이니 참고해보자.

- 시끄럽게 떠드는 동료들

- 이메일

- 수신 전화

- 잡담을 나누러 다가오는 동료들

- 소문

- 사내 정치

- 다가오는 마감 시한에 대한 불안감

다 적었다면 마찬가지로 각각의 요소들에 1부터 5까지 점수를 매긴다. 예를 들어 한참 집중해서 일을 진행 중일 때 이메일은 큰 방해 요소가 되지만, 소문은 아무런 영향도 끼치지 않을 수 있다.

자신이 어떤 요소에 지나치게 주의력을 다 빼앗기고 있는지 아는 사람은 생각보다 많지 않다. 살면서 생기는 모든 문제는 내가 나를 잘 파악하기만 해도 해결할 수 있다. 방해 요소 리스트를 종이에 직접 적어보면서 나 자신의 상황을 파악했다면 그 요소들에 특히 유의해서 방해 요소들을 제거해보자.

소요 시간 : 15분

4단계:
나의 목표를
단 한 문장으로 정하기

당신은 자신의 목표를 알기 쉬운 한 문장으로 말할 수 있는 가? 복잡하지 않으면서 쉽고 단순한 목표가 있다는 건 몰입을 달성하는 데 매우 중요한 요소다. 내가 무엇을 위해 노력하고 있는지, 어떤 목표를 향해 달려가고 있는지 정확히 이해했을 때 훨씬 더 목적의식적인 행동이 나올 수 있다. 일의 우선순위가 명료해지고 집중력도 올라갈 수밖에 없다.

이런 말들이 너무 당연한 소리 아니냐고 반문하는 사람도 있을 것이다. 하지만 명확한 목표 없이 그저 하루하루를 살아가는 사람들은 무수히 많다. 직장에서는 끊임없이 마감

시한이 닥치는 환경에서 상사의 압력, 동료들의 은근한 압박 속에서 바쁘게 살아간다. 집에서는 아무리 열심히 해도 영원히 끝나지 않는(오히려 점점 많아지는) 집안일을 처리하고 공과금을 내고 온갖 일을 처리하면서 종종거린다. 사람들은 오늘 하루도 열심히 바쁘게 살았기 때문에 자신은 매우 생산적이며 목적의식적인 사람이라고 착각한다. 하지만 이렇게만 살아가면 진정한 몰입은 경험하지 못한다. 그러기는커녕 오히려 진이 빠진 느낌으로 살아간다. 열심히 노력하는데도 스스로가 쳇바퀴 도는 다람쥐처럼 느껴지기 때문이다.

그러므로 진정한 몰입을 경험하려면 반드시 내가 무엇을 바라는지, 무엇 때문에 이렇게 열심히 노력하고 있는지에 대해 정의를 내려야 한다. 하루하루 힘들게 노력하면서 이루고 싶은 것, 즉 당신의 목표는 무엇인가? 이 질문에 대한 명확한 답변이 있다면 더 쉽고 확실하게 몰입에 들어갈 수 있다.

SMART 목표

목표를 정하는 첫 번째 단계는 나에게 동기를 부여해주는 요소가 뭔지 파악하는 것이다.

이것은 말처럼 그렇게 쉽지는 않다. 특히 깊이 생각해본 적이 없다면 더욱 그렇다. 어떤 사람들에게는 두려움이 동기가 된다. 이런 경우라면 행동하는 이유는 불쾌한 결과를 피하기 위해서다. 또 어떤 사람들에게는 특정한 보상이 동기로 작용한다. 이를테면 승진이나 급여 인상, 또는 동료나 사랑하는 사람들의 존경 같은 것들이다. 특별한 성취를 이루는 데서 동기 부여를 받는 사람도 있다. 학생이라면 학년의 졸업생 대표가 되고 싶을 수 있고, 영업사원이라면 회사의 매출 신기록을 달성하고 싶을 수 있다.

목표를 정하는 두 번째 단계는 내가 얻고 싶은 게 뭔지 생각하는 것이다. 여기서 참조할 만한 것이 바로 스마트(SMART) 목표다. 이는 구체성(Specific)과 측정 가능성(Measurable), 달성 가능성(Attainable), 유의미성(Relevant), 시간제한(Time-Bound)을 조합한 단어로 목표를 정할 때 이 다섯 가지 요소가 전부 들어 있어야 한다는 말이다. 이런 목표

몰입은 과학이다

가 있다면 해야 할 일이 명확해지고 방향성에 대한 감이 잡힌다.

이 두 단계를 진행하고 나면, 머릿속이 명료해져서 집중력에 큰 도움이 된다. 마음이 흐트러질 가능성도 줄어든다. 혹시 방해 요소가 있다 해도 영향받을 확률이 줄어든다. 그만큼 목표의 유무는 중요하다. 이제 다음 연습을 통해 목표를 정해보자

EXERCISE #4

다음 연습은 몇 가지 질문으로 구성되어 있다. 아래 질문에 차근차근 답하면서 스마트 목표에 맞게 나의 목표를 다듬고 발전시켜 보자. 이 단순한 과정을 통해서 좀 더 단순하면서도 명확한 목표를 만들 수 있다.

첫째, 내가 이루고 싶은 일은 뭘까?

가능한 한 구체적으로 답해보자. 예를 들어 특정한 시험에 대비해서 공부하고 있다면 "만점을 받고 싶다"라고 답하는 것이다. 운동선수로서 경기를 준비 중이라면 "1등을 하고

싶다"라고 말할 수 있다. 피아노로 작곡을 하고 있다면 "1절과 2절을 완성하고 싶다"라고 하면 된다.

둘째, 목표에 정확한 숫자를 표기했는가?

우리에겐 숫자가 필요하다. 목표 달성을 측정하기 위해서는 구체적으로 가시화된 숫자가 가장 좋은 방법이다. 예를 들어, 세 달 동안 9만 자 분량200자 원고지 450매에 해당한다 – 옮긴이의 소설을 쓰는 것이 목적이라면, 매일 1000자씩200자 원고지 5매, A4 용지의 약 60% 분량 – 옮긴이 쓰겠다는 목표를 세우면 된다. 여섯 달 안에 외국어 회화를 구사하고 싶다면 '날마다 회화 10문장 외우기'라는 목표를 세울 수 있다.

셋째, 나의 능력을 객관적으로 점검한 후 정한 목표인가?

정해진 시간 안에 내가 정한 수치의 목표를 달성하려면 그 일을 해낼 수 있는 기술이나 지식을 내가 가지고 있어야 한다. 예를 들어 피아노를 이제 막 배우기 시작했다면, 한 달 안에 베토벤의 하머 클라비어Hammerklavier, 베토벤의 피아노 소나타 29번 내림나장조, 작품 번호 106. 연주하기 어려운 곡으로 유명하다 – 옮긴이를 완주하겠다는 목표는 세우지 않는 게 나을 것이다.

넷째, 내가 정한 목표는 나에게 어떤 의미가 있는가?

몰입을 위해서는 내면에서 우러나온 내재적 동기가 필요

몰입은 과학이다

하다(이 개념은 5단계에서 자세히 살펴볼 것이다).

예를 들어 어떤 사람이 소설을 쓰는 이유는 독자들에게 흥미로운 이야기를 들려주면서 자신이 대단한 일을 해냈다고 느끼기 때문이다. 또 어떤 아이가 시험에서 만점을 받고 싶은 건 자신을 자랑스러워하는 가족들의 모습이 보고 싶기 때문이다. 이런 예는 무궁무진하다. 실용적인 목표도 있을 수 있다. 어떤 사람이 외국인 친구와 더 잘 소통하기 위해 외국어를 공부하는 것처럼 말이다.

다섯째, 목표를 달성하기까지 얼마나 걸릴까?

시작 시간과 종료 시간을 정확하게 정해두면 두 가지 장점이 있다.

그중 하나는 진행 상황을 점검하면서 성공 여부를 평가할 수 있다는 점이고 다른 하나는 집중력 텐션을 유지하는 데 도움이 된다는 것이다. 여기서 말하는 건 몰입을 경험하는 시간이 아니다. 일단 몰입에 들어갔다면 시간의 흐름은 그다지 중요한 게 아니다. 중요한 건 내가 정한 목표를 달성하기까지 마감 기한이다. 사람은 본능적으로 마감일이 있으면 긴장감을 가진 채 일을 할 수밖에 없다.

그러므로 소설을 쓰고 있다면 '8월 말까지 초고를 완성하자'는 식으로 목표를 정하자. 마찬가지로 피아노를 배우고 있다면 이번 주말까지 '베토벤의 소나티네 사장조를 막힘없이 연주하자'는 식으로 목표를 세우면 된다.

목표가 정확하고 구체적일수록 몰입에 들어가기가 훨씬 쉬워진다. 내 마음이 불안한 것은 8할은 불확실성 때문이다. 정확한 목표를 세우는 건 마음의 불안 요소를 제거해준다는 면에서도 큰 의미가 있다.

소요 시간 : 20분

몰입은 과학이다

5단계 :
내재적 동기 부여하기

사람의 행동에는 여러 가지 이유가 있지만 크게 세 가지로 나눌 수 있다. 어떤 이유는 자신에게 유익한 것이지만, 또 어떤 이유는 오히려 해로울 수도 있다. 스스로를 건강하게 만드는 이유도 있지만 정반대의 경우도 많다. 같은 맥락으로 어떤 이유들은 몰입에 들어가는 데 도움이 되고, 또 다른 이유들은 오히려 몰입을 방해하기도 한다.

첫 번째 이유는 본능적인 것으로 생계를 위해 행동하는 것이다. 우리 모두는 가족들의 식비를 위해, 아이들의 학비를 위해, 각종 공과금을 납부하기 위해 행동한다. 직장에서 마감 기한을 넘기지 않고 프로젝트를 끝내기 위해 초과근무를 하기도 한다.

두 번째는 외부로부터 보상을 얻기 위해 행동하는 것이다. 예를 들어 트로피를 얻기 위해 스포츠 경기에 출전한다. 감사 인사를 기대하며 남을 돕는다. 타인에게 인정받고 주목받기 위해 뭔가에 도전한다.

마지막으로 타인이 아닌 나 스스로를 만족시키기 위해 어떤 행동을 하는데, 이것이 바로 내재적 동기이다. 예를 들어 지적 쾌락을 느끼기 위해 책을 읽는다거나 마음의 평화를 얻기 위해 음악을 듣는 행위가 그것이다.

스스로 만족감을 느끼기 위해 자원봉사 활동을 하거나 자기 건강을 지키기 위해 꾸준히 운동을 하는 것도 마찬가지다. 여기서 핵심은 바로 이 내재적 동기가 있어야만 몰입을 경험할 수 있다는 사실이다. 즉 내재적 동기는 몰입의 전제조건이다.

몰입은 과학이다

내재적 동기가 필요한 이유

내재적 동기를 설명할 때 가장 좋은 방법은 외재적 동기와 비교해보는 것이다. 후자는 보상 체계에 따른 행동이다. 외부의 반응에 따라 행동한다는 뜻이다.

돈을 벌기 위해(또는 해고당하지 않으려고) 매일 회사에 출근하거나 부모에게 칭찬받기 위해 학교에 가서 열심히 공부하거나 감사의 말을 기대하며 타인을 돕는 행동이 대표적이다. 외재적 동기는 나쁜 것도 아니고 잘못된 것도 아니다. 오히려 목적을 가지고 행동하도록 만드는 데 매우 효과적인 방법이다. 특히 지루하거나 어려운 일, 또는 불편한 일을 해야 할 때 더욱 그렇다. 하지만 안타깝게도 몰입을 경험하는 데는 별 도움이 되지 않는다. 정말로 몰입을 느끼고 싶다면 반드시 내재적 동기가 있어야 한다. 이는 말 그대로 내면에서 저절로 우러나오는 동기를 말한다. 즉 내가 어떤 일을 하고 싶은 마음이 있기 때문에 그 일을 하는 것이다. 이때는 외부의 보상(돈이나 타인의 칭찬과 감사, 좋은 성적 등)이 없어도 그냥 자신의 행동 자체가 스스로에게 보상이 된다.

예를 들어 똑같이 생계를 위해 살아가더라도 누군가에 의해 억지로 한다기보다는 자신이 그 일을 사랑하기 때문에 회사에 나간다면 내재적 동기가 분명한 것이다. 타인을 도울 때도 마찬가지이다. 내재적 동기가 있는 사람은 누군가에게 칭찬받기 위해서가 아니라 돕는 행위 자체에서 충족감을 느끼기 때문에 행동한다. 학교 공부도 똑같은 맥락이다. 부모에게 칭찬받기 위해서가 아니라 자기 스스로 학교 공부가 너무 재미있다고 말하는 아이들에게는 내재적 동기가 충만한 것이다.

내재적 동기가 확실할 때 해당 과제에 몰두하는 경향이 강하다는 사실은 현재까지 많은 학자들이 관련 연구 자료를 통해 발표한 바 있다.[주6]

직관적으로 생각해봐도 자신이 좋아서 하는 일에 더 몰두할 수 있다는 건 당연해 보이기도 하다.

내재적 동기의 세 가지 조건

연구 결과에 따르면 내재적 동기에는 세 가지 조건이 있는데 바로 자율성(autonomy)과 유능성(competence), 그리고 관

몰입은 과학이다

계성(relatedness)이다.^{주7}

이 세 가지 심리적 욕구가 충족되어야만 진심으로 하고 싶은 마음이 생긴다. 첫 번째 자율성은 내가 하는 일에 대한 선택권이 나한테 있다고 느끼는 것이다. 어떤 결정을 할 때도 내가 선택한 것이고 스스로 통제 가능하다고 느껴야 한다. 만약 누군가를 도와줄 때도 그 행동을 강요당하는 게 아니라 마음에서 우러나와서 하는 것을 말한다.

두 번째 유능성은 내가 원하는 대로 해낼 수 있다고 믿는 것이다. 그러기 위해서 필요한 기술과 지식을 스스로 갖고 있다고 느껴야 한다. 예를 들어 오늘까지 학교 숙제를 끝내야 하는데, 이 일에 내재적 동기가 있으려면 내가 그 숙제의 내용을 충분히 알고 있다는 확신을 갖고 있어야 한다는 말이다.

마지막으로 관계성은 다른 사람들과 연결되어 있다고 느끼는 것을 말한다. 사람은 본질적으로 사회적 동물이며, 이는 내향적인 성격이라고 해서 다르지 않다. 우리는 사회적 상호작용을 갈망하고 그 안에서 성장하며, 소속감을 느끼고 싶어 한다. 예를 들어 체육센터에서 강습을 받을 때조차 우리는 옆에 있는 다른 회원들과 연결되어 있다는 느낌을 받는다. 야구장에 가서 생판 모르는 사람들과 같이 응원가를 부르거나, 길에서 우연히 만난 기타 연주자들이 함께 즉흥 연주를 하는 것도 이런 본능 때문이다. 누군가를 돕는 자원봉사 활동을 할 때도 같은 목적을 가진 다른 회원들에게 영향을 받고 또 그들에게 좋은 영향을 끼친다는 생각을 하면서 활동한다.

사람은 이렇게 세 가지 조건이 충족됐을 때 비로소 활력을 느끼며 그 일에 임한다. 그 일을 하는 것 자체만으로도 스스로에게 보상이 되기 때문이다. 바로 이 내재적 동기가 몰입의 10단계 프로세스에서 매우 중요한 역할을 한다.^{주8}

EXERCISE #5

이번 연습은 어떤 일을 하려고 할 때 나의 동기가 뭔지 알아보는 것이다. 그 동기가 몰입에 도움이 되는지도 확인해볼 수 있다.

첫째, 어떤 일에 대해 알아볼지를 정한다. 일과 관련된 활동도 좋고 취미 활동도 좋다. 이것은 전적으로 나의 선택이다(낮잠은 제외).

둘째, 내가 그 일을 하는 이유가 타인에게 보상받기 위해서인지 아니면 스스로 만족하기 위해서인지 생각해본다. 둘 다 해당될 수도 있다.

셋째, 그 일을 할 때 나에게 선택권이 있는지 생각해본다. 나는 자율성을 누리고 있는가?

넷째, 그 일을 달성하는 데 필요한 기술과 지식을 내가 갖고 있는지 생각해본다. 나는 그 일을 하는 동안 유능감을 느끼는가?

다섯째, 그 일을 하면서 다른 사람들과 연결되는지 생각해본다. 그렇다고 해서 꼭 나와 같은 일을 하는 다른 사람들과 긴밀하게 협력해야 한다는 건 아니다. 내가 하는 그 일을 누군가가 가치 있게 생각한다는 걸 아는 것만으로도 충분하다.

이 짧은 연습을 마치고 나면, 내가 갖고 있는 동기가 내면에서 나오는지 아닌지를 구별할 수 있다. 만약 내재적 동기를 갖고 있다면, 당신은 몰입 상태에 들어가는 과정에 한 발 더 가까워진 것이다.

소요 시간 : 10분

6단계:
한 번에 한 가지 일에 전념하기

멀티태스킹이 비생산적이라는 것을 알면서도, 많은 사람들이 멀티태스킹을 한다.[주9]

그 이유는 여러 가지가 있는데, 이는 상황에 따라 천차만별이다. 어떤 때는 지루하기 때문이다. 자신이 지금 하고 있는 일이 재미가 없기 때문에 동시에 다른 일을 하면서 주의를 돌린다. 또 때로는 참을성이 없기 때문이다. 어떤 일이 기대에 비해 너무 느리게 진행되면, 다른 작업을 처리하면서 (이를테면 회의 중 동료가 의견을 내는 동안 이메일을 확인하는 등) 시간을 메운다.

몰입은 과학이다

또 어떤 사람들은 멀티태스킹을 통해 더 많은 일을 빨리 할 수 있다고 확신하기도 한다. 그런데 이런 생각은 최악이다. 망상에 불과하기 때문이다(효과적인 멀티태스팅이 가능한 사람은 세계 인구의 2퍼센트밖에 되지 않는다).주10

앞장에서 나는 이미 멀티태스킹이 왜 불가능한 미션인지 설명했다. 전환 비용에 대해서도 이야기했다. 전환 비용은 우리 뇌가 어떤 작업과 다른 어떤 작업 사이에서 주의력을 이동할 때마다 지불해야 하는 값비싼 대가를 말한다. 작업 전환이 몰입에 들어가지 못하도록 방해한다는 사실을 다시 한 번 상기해보자.

그러므로 집중하기 위해서는 단일 작업에 전념해야 한다. 이것을 모노태스킹이라고도 한다. 만약 정말 몰입에 들어가려면(또한 유지하려면), 여러 작업을 저글링하듯이 동시에 처리하고 싶은 욕망을 버려야 한다. 물론 말처럼 쉽지는 않은 일이다. 멀티태스킹에 너무 익숙해져서 사실상 중독된 상태라면 더욱 그렇다.주11

모노태스킹하는 뇌로 재훈련하기

앞장에서 나는 내면에 들어 있는 멀티태스킹 작업자를 억제하기 위한 몇 가지 방법을 제시했다. 어떤 사람들은 그것만으로 충분하다 여길 것이다. 만약 당신도 그런 경우라면 바로 연습 6번으로 직행해도 된다. 그런데 만약 그렇지 않은 경우라면 모노태스킹에 익숙해지도록 뇌를 재훈련해야 한다. 그러기 위해서는 습관적으로 멀티태스킹을 하도록 세팅돼 있는 뇌 속 프로그램을 풀어헤쳐야 한다. 그런 경우에 해당된다면 다음과 같은 행동 방침을 권장한다.

첫째, 하루를 여러 개의 시간 단위로 쪼갠다. 짧은 시간 단위(5분 정도) 동안 한 가지 일만 해본다. 집중하는 능력이 향상되면 작업을 지속하는 시간 단위를 늘린다. 10분 정도면 적당하다. 그다음에는 15분으로, 또다시 20분으로 늘리면 된다. 이 연습을 꾸준히 하다 보면 결국에는 하루를 큰 시간 단위로 쪼개서 마음대로 모노태스킹할 수 있는 능력을 갖게 된다.

둘째, 하루 일정에 공식적으로 쉬는 시간을 넣는다. 쉬는 시간에는 일을 피하고 다른 생각에 잠기는 게 좋다. 휴대폰

몰입은 과학이다

을 켜서 문자를 확인하라는 말이 아니다. 이메일을 확인해 보라는 것도 아니다. 차라리 밖으로 나가 산책을 하거나 광장 같은 넓은 공간에 나가 사람 구경을 해보자. 당신이 일하는 공간이 실내라면 밖으로 나가 신선한 공기를 마시는 게 좋다. 그러면 정신이 맑아지고 다시 일에 집중하는 데도 도움이 된다. 각 쉬는 시간은 이전 작업 시간의 길이에 비례하도록 정하면 된다. 예를 들어 20분 동안 일했다면 5분간 휴식한다. 1시간 동안 작업했다면 20분간 휴식한다.

셋째, 다른 작업으로 넘어가기 전에 하던 일을 마무리하는 습관을 기른다. 예정된 시간이 끝날 때까지 작업이 끝나지 않으면 쉬는 시간이 끝난 다음 다시 하던 일부터 하면 된다. 그 일을 완료한 다음 다른 작업을 수행한다.

물론 이 방법이 항상 가능한 것은 아니다. 예를 들어 그 일을 끝내기 전에 누군가의 피드백을 받아야 할 수도 있다. 그럴 때는 피드백을 기다리는 시간에 다른 작업을 시작해도 된다. 만약 그 다른 작업을 하고 있는 동안 바로 전에 했던 일에 대한 피드백이 오더라도 잡고 있는 작업을 일단락하고 나서 피드백을 확인하면 된다.

이 3단계 프로토콜을 통해 모노태스킹 습관을 몸에 익힐 수 있을 것이다. 하지만 뇌를 재훈련하는 데는 시간이 걸린다. 멀티태스킹 습관이 얼마나 뇌 속 깊이 박혀 있느냐에 따라 몇 주가 걸릴 수도 있고 몇 달이 걸릴 수도 있다. 하지만 투자 대비 돌아오는 보상은 당신이 상상한 것보다 클 것이다. 일에 대한 생산성이 올라갈 뿐 아니라 효율적인 시간 관리가 가능해지기 때문이다. 한 번 이 보상을 맛보면 몰입을 점화하는 능력에도 한 걸음 더 가까워질 것이다.

EXERCISE #6

이 연습은 쉽고 간단하다. 펜과 종이 한 장만 있으면 된다.

첫째, 종이를 펼쳐서 '주의력 분산 요인'이라고 제목을 쓴다. 내가 뭔가를 하는 동안 집중을 방해했던 요소가 뭔지 생각해보고 제목 아래 생각나는 대로 적어본다(힌트 : 연습 3을 참고하면 빠르게 처리할 수 있다).

둘째, 그러고 나서 아래에 '단일 작업'이라는 제목을 쓴다. 지금 내가 집중해야 하는 일 또는 다른 사람의 도움 없이 혼자 해낼 수 있는 일이나 활동을 적는다. 아래 목록을 참고해

몰입은 과학이다

보자.

- 회사 일과 관련된 보고서 작업
- 특정 시험 공부(예를 들어 자격증 시험, 공무원 시험 등)
- 창작 활동(예를 들어 그림 그리기, 조각하기, 책 쓰기 등)
- 운동
- 스포츠 경기를 위한 훈련
- 외국어 배우기
- 내 블로그 만들기

셋째, '단일 작업' 목록에서 하나를 고른다. 그 활동을 어디서 어떻게 해야 할지 결정한다. 그런 다음 앞서 작성했던 '주의력 분산 요인' 목록을 살펴보고, 이 요소들을 최소화하거나 제거하기 위해 할 수 있는 모든 조치를 취한다(예를 들어 휴대폰을 끈다).

마지막으로 타이머를 켜고 한 가지 활동을 시작한다. 다른 데로 신경이 분산되지 않도록 주의하면서 최대한 오랫동안 집중해본다. 그러다가 딴생각이 드는 순간 타이머를 멈춘다. 자, 시간이 얼마나 흘렀는가? 바로 그 시간이 모노태스킹을 하도록 뇌를 재훈련하는 동안 내가 뛰어넘어야 할 기준 시간이다. 이 시간이 너무 짧다고 낙담할 필요는 없다. 목표는 개선하는 것이지, 시작하자마자 곧바로 성공하는 것이 아니다. 이 연습을 일상적으로 하다 보면, 점점 더 긴 시간 동안 한 가지 일에 집중할 수 있게 될 것이다. 그리고 그런 능력이 점점 강화되면 원할 때마다 더 쉽게 몰입에 들어갈 수 있을 것이다.

소요 시간 : 15~60분

몰입은 과학이다

7단계:
약간 어렵지만
성취 가능한 일 선택하기

몰입에 들어가기 위해서는 해당 활동의 난도와 내가 갖고 있는 기술이나 지식 사이의 균형이 필요하다. 만약 난도가 너무 낮다면 쉽게 지루해지고 자꾸 딴생각이 들어서 집중하기 쉽지 않을 것이다. 그와 반대로 난도가 너무 높아도 의욕이 떨어져서 좌절하게 되고 그러다 보면 집중할 수 없게 된다.

만약 당신이 단순 데이터 입력을 한다고 생각해보자. 어느 정도 시간이 흐르면 지루해질 것이다. 근육이 기억하는 대로 움직이기만 하면 되는 일이기 때문이다. 어쩌면 이 일을 하는 도중에 자꾸 딴생각이 날 수도 있다. 그러면 몰입에 들어가기 쉽지 않다.

그럼 이번에는 당신이 피아노를 배우고 있다고 상상해보자. 이제 막 피아노에 입문했는데, 어려운 작품으로 악명 높은 쇼팽의 에튀드 작품번호 10의 4번 곡을 연습하려고 한다. 그것도 주말까지 완벽하게 해내겠다는 목표를 세운다. 과연 가능한 일일까? 당연한 말이지만 이것은 피아노 천재가 아니라면 누구에게나 난도가 너무 높은 일이다. 이런 경우에 당신은 좌절감을 느껴서 의욕을 상실할 것이다. 몰입을 경험할 수 없는 것도 당연하다.

이렇듯 몰입에 들어가기 위해서는 그 일이 너무 쉬워도, 너무 어려워도 안 된다. 자신의 능력에 비해 약간 어렵지만 성취 가능한 일이어야 한다.

여기서 팁을 한 가지 이야기하자면 어떤 일이든 주어진 작업 내용을 그대로 수락할 필요가 없다는 것이다. 내 능력에 맞춰서 난도를 조절하면 된다는 말이다.

몰입은 과학이다

올바른 균형을 잡는 방법

그렇다면 어떻게 난도를 조절한다는 말일까? 쉽게 말하면 너무 쉬운 일은 약간 복잡하게 만들고, 너무 어려운 일은 좀 더 쉽게 만들어서 하라는 말이다.

우선 너무 쉬운 일을 약간 복잡하게 만들 수 있는 가장 좋은 방법은 게임화(gamification)다. 말 그대로 일을 게임하는 것처럼 만드는 것이다. 점수를 매긴다거나 시간 제한을 두는 등 자신만의 규칙을 도입하면 된다.

예를 들어서 단순 데이터 입력 작업을 게임화한다면 '7분 안에 25개 입력하기' 같은 규칙을 만들면 된다. 그러다가 이 규칙이 너무 쉬워지면 또다시 난도를 높이면 된다. 이 방법은 거의 모든 종류의 작업에 적용할 수 있다. 운동선수가 훈련을 할 때도, 음대생이 피아노 연습을 할 때도, 학생이 시험 공부를 할 때도 마찬가지이다. 약간의 게임 요소를 적용해보면 지루했던 작업이 약간 도전적으로 느껴지면서 몰입을 경험할 수 있다.

다음으로 어려운 일을 좀 더 쉽게 만드는 것은 약간 다른 접근법이 필요하다. 바로 해당 일을 더 작은 구성 요소들로 잘게 쪼개서 하는 것이다. 모든 일은 어려운 부분과 쉬운 부분으로 구성되어 있다. 이 부분들을 분리해서 쉬운 일부터 처리하는 것이 방법이다.

예를 들어 엄청난 양의 연구가 필요한 책을 쓰고 있다고 가정해보자. 이 경우 먼저 쓰기 어려운 부분과 쉬운 부분을 분리하는 것이다. 그러고 나서 쉬운 부분부터 작업하고 나의 컨디션이 좋을 때 어려운 부분을 작업하는 식으로 스케줄을 조율한다. 여기서 쉬운 부분을 처리할 때 몰입감을 느낄 수 없다면 앞서 이야기한 게임화 작업이 필요할 수도 있다.

EXERCISE #7

이번 연습은 두 부분으로 구성돼 있다.

첫 번째는 너무 쉬운 일을 좀 더 도전적이고 지루하지 않게 만드는 것이고 두 번째는 너무 어려운 일을 좀 더 쉽고 덜 답답하게 만드는 것이다.

몰입은 과학이다

{ Part I } 너무 쉬운 일을 어렵게 만들기

너무 쉽거나 단순해서 몰입하기 어려운 활동 하나를 선택한다. 어떤 종류의 공부나 피아노 음계 연주, 데이터 입력 등이 있을 수 있다.

이제 이 활동을 게임화할 방법 세 가지를 적어본다. 점수를 계산하거나 제한된 시간 안에 하기 혹은 내가 정한 목표를 달성했을 때 스스로 보상해주기 등등의 방법이 있을 수 있다.

실제 그 일에 이 방법을 적용해보고 더 재미있게 할 수 있는 방법으로 계속 개선해나간다.

{ Part II } 너무 어려운 일을 쉽게 만들기

너무 어렵고 복잡해서 몰입하기 어려운 활동 하나를 선택한다. 학교에서 그룹수업에서 발표해야 할 숙제 혹은 회사에서 상사에게 제출해야 하는 보고서, 독서 관련 블로그 만들기 등등 다양할 것이다.

그 일을 하기 위해서 필요한 단계별 하위 작업을 쭉 정리해본다. 예를 들어 독서 관련 블로그를 만들려면 블로그 브랜드 설정, 디자인 및 레이아웃 설계, 콘텐츠 분야 결정, 도서별 글쓰기 등등의 과제가 있을 것이다. 이렇게 필요한 하위 작업을 목록으로 만들고 당장 내가 할 수 있는 것부터 시작한다.

소요 시간 : 20분

몰입은 과학이다

8단계 :
몸이 힘들다면 휴식이 먼저다

아무리 의지력을 갖고 몰입하려고 해도 내 몸이 너무 피곤하거나 불안할 때는 불가능한 미션이다. 몸 상태가 이럴 때는 주변 환경에도 더 쉽게 영향받는다. 인내심은 약해지고 짜증이 잘 나며 쉽게 좌절한다. 평소에 좋아하던 일을 할 때조차 즐거운 게 아니라 힘들다는 느낌이 든다.

이것은 휴식이 필요하다는 사인이다. 대개의 사람들은 휴식이라고 하면 잠을 생각한다. 하지만 휴식과 잠은 같지 않다. 잠은 단지 휴식의 한 측면일 뿐이다. 물론 질 좋은 수면은 쉬었다는 느낌을 갖기 위해 필수적이다. 하지만 많은 사람들이 일상적으로 숙면을 취하고도 매일 지치고 예민해진다. 이 퍼즐은 잠 말고도 더 많은 조각들로 구성되어 있다는 말이다. 8단계에서는 휴식의 유형 7가지에 대해 알아보자. 아래 나오는 7가지 휴식을 두루두루 경험하는 게 좋다. 그래야 몰입을 방해하는 장애물들을 제거할 수 있다.

우리에게 필요한 7가지 휴식

삶이 너무 고단하다고 느낄 때가 있다. 완전히 고갈된 것처럼 느껴질 때 말이다. 몸을 너무 혹사해서 그럴 때도 있지만 육체는 멀쩡한데 마음이 그렇게 느껴질 때도 있다. 매일매일 할 일을 해내고, 가족들에게 책임을 다하고, 사랑하는 사람들을 위해 시간을 내어주고……. 쉼 없이 이런 일상 속에서만 살아가면 몸과 마음이 다 소진되어서 만성 피로를 느끼게 된다. 물론 이것은 몰입에도 좋지 않다. 자 그렇다면 이제 우리에게 필요한 7가지 휴식에는 뭐가 있는지 알아보자.

첫째, 신체를 위한 휴식(Physical rest)이다. 수면(낮잠 포함)이 여기에 해당된다. 스트레칭과 마사지, 심호흡 등도 예가 될 수 있다. 능동적이든 수동적이든 몸의 긴장을 풀어주는 모든 활동은 유익하다.

둘째, 정신을 위한 휴식(Mental rest)이다. 몸은 괜찮은데 정신적으로는 지쳤다는 느낌이 들 때가 있다. 많은 사람들이 정말 흔하게 경험하는 일인데 이럴 때는 집중력이 흐려지고 기억력이 떨어지며 쉽게 짜증이 난다. 우리 뇌도 주기적으로 쉬어줘야 하는데 그렇지 못해서 나타나는 현상이다. 짧은 산책이나 낙서, 일기 쓰기, 명상 등을 통해 뇌에 휴식을 줘야 한다.

셋째, 정서를 위한 휴식(Emotional rest)이다. 모든 사람에게는 정서적 욕구가 있다. 이러한 욕구가 충족되지 않으면 우리는 고립감과 좌절감, 압박감 등을 느낀다. 이런 결과를 피하려면 자신의 생각을 표현하고(즉, 속마음을 억압하지 말아야 하고) 내키지 않을 때는 있는 그대로 거절 의사를 표현해야 한다.

넷째, 창의력을 위한 휴식(Creative rest)이다. 우리는 생각보다 훨씬 많이 창의력을 일상에 활용한다. 창의력을 이용해서 문제를 해결하고, 일을 계획하고, 위험을 저울질하고, 결정을 내리고, 의사소통을 한다. 이 능력이 고갈되지 않으려면, 일상의 틀 밖에 있는 것들을 감상할 기회를 가져야 한다. 예를 들어 자연이나 전시회, 음악회, 예술 작품 감상 등등을 통해 충전할 수 있다.

다섯째, 감각을 위한 휴식(Sensory rest)이다. 우리의 감각은 매일같이 거듭해서 얻어맞는다. 감각 과부하는 이미 평범한 일상이 되었다. 휴대전화와 컴퓨터, 끊이지 않는 환경소음 등이 우리를 둘러싸고 있기 때문이다. 이러한 과잉 자극을 피하려면 정기적으로 '플러그 뽑기'가 필요하다. 단지 몇 분 동안 눈을 감고 휴식을 취하는 행동에서부터 디지털 디톡스[주12]까지 여기에 해당될 수 있다.

여섯째, 사회적 휴식(Social rest)이다. 당신도 아마 경험해 봤겠지만 어떤 사람은 만나고 나면 마음이 지치고 어떤 사람은 만난 이후 에너지가 생긴다. 전자는 나의 감정과 인내심을 바닥나게 만들고 후자는 나를 생기 넘치게 만든다. 함께 있을 때 진심으로 즐거운 사람들과 더 많은 시간을 보내면 사회적으로 고갈되는 느낌을 피할 수 있다.

일곱째, 영적 휴식(Spiritual rest)이다. 이 유형은 믿음 체계, 신념, 세계관에서 영감받는 것을 말한다. 여기에는 종교나 예배, 특정한 삶의 철학, 나 자신보다 훨씬 더 방대한 가치를 추구하거나 그런 사람들과 연결되는 느낌 등이 포함된다. 영적 에너지가 고갈되면 우울과 절망으로 이어질 수도 있다.

이렇듯 휴식에는 다양한 형태가 있다. 많은 사람들이 이 중 한 가지 이상을 간과하기 때문에 진정으로 느긋하게 쉬지 못한다. 사람들이 몰입을 경험하지 못하는 것은 바로 이 때문이다.

EXERCISE #8

이번 연습에서는, 앞서 설명한 7가지 휴식의 실천 방안에 대해 생각해볼 것이다. 다시 펜과 종이를 준비한다. 이제 7가지 휴식 유형을 제목으로 쭉 적는다. 각각의 제목 아래에는 간단한 몇 문장을 적을 수 있도록 충분히 여백을 남긴다. 이제 각 휴식 영역에 해당되는 활동을 하나하나 생각나는 대로 적어본다. 예를 들어 '신체를 위한 휴식' 영역에는 다음과 같이 적을 수 있다.

- 매일 낮 12시 30분에 25분간 낮잠을 잔다.

- 저녁 9시 30분에 잠자리에 든다.
- 90분마다 일어나 스트레칭을 한다.

'감각을 위한 휴식' 영역에는 다음과 같은 내용을 생각할 수 있다.

- 저녁 6시에서 8시 사이에는 휴대폰을 꺼둔다.
- 점심 식사를 마칠 때까지 소셜미디어를 피한다.
- 회사에서 일할 때는 소음 차단 헤드폰을 낀다.

'사회적 휴식' 영역에는 다음과 같이 쓸 수 있다.

- 주말에 배리와 어울려 다니지 않는다.
- 바버라가 자기 일을 부탁할 때마다 거절한다.
- 존에게 매주 월요일 아침 함께 식사할 수 있는지 물어본다.

이 연습에는 두 가지 목적이 있다. 첫째, 당신이 간과하고 있었을지도 모를 휴식 영역에 대해 생각해보는 것이다. 둘째, 각각의 휴식 영역에서 어떻게 하면 잘 쉴 수 있을지 생각

몰입은 과학이다

해보는 것이다. 7개 영역 모두에서 더 많은 휴식을 취할수록
스트레스와 답답함은 줄고 몰입에도 더 쉽게 들어갈 수 있다.

소요 시간 : 25분

9단계:
몰입 시간 기법 사용하기

뭔가를 해낼 때까지 가장 흔한 장애물이 뭘까? 바로 미루는 습관이다. 사실 막상 뭔가를 시작하기만 해도 어떻게든 하게 되는 습성이 있다. 이 현상은 시작하기가 그만큼 어렵다는 것을 말해준다.

많은 사람들이 포모도로 기법을 이용해서 미루는 습관을 극복하려고 한다. 프란체스코 시릴로가 개발한 이 기법은 일정한 작업 시간이 끝나면 짧은 휴식 시간을 갖는 패턴이 특징이다. 구체적으로 말하면, 25분간의 작업 시간과 5분의 휴식 시간으로 구성돼 있다. 이것이 가장 기본적인 포모도로 포맷이다. 이 포맷을 네 번 반복한 뒤에는 15분간 휴식한다.

이 기법은 미루는 습관에서 벗어나는 데 효과적이다. 일단 뭔가를 시작하기가 쉬워지기 때문이다. 게다가 집중하는 데 도움이 되고 방해 요소를 물리치는 데도 좋다. 많은 사람들이 포모도로 기법을 이용해서 몰입을 경험하게 된다. 여기에는 시작하지 못하면 몰입 자체가 불가능하다는 발상이 깔려 있다.

그런데 이 기법은 사실 몰입에는 적합하지 않다. 사람이 몰입 상태에 들어가면 시간 감각이 둔해진다는 것을 상기해보자. 시간은 자신도 모르게 흘러간다. 한참 몰입에 빠져 있는데 25분 후에 타이머가 울리면 어떻게 될까? 몰입에 도움이 되는 게 아니라 오히려 방해가 될 확률이 높지 않을까? 이 시점에서 5분 동안 쉬는 것도 역효과만 낳을 수 있다.

그래서 우리에게는 다른 방법이 필요하다. 임의로 시간 제약을 두지 않고 집중하고 몰입할 수 있게 해주는 접근법. 이것이 바로 지금 소개할 몰입 시간 기법(Flowtime Technique)이다.

몰입 시간 기법이란

이 기법은 포모도로의 경직성을 수정한 것이다. 작업 시간과 휴식 시간을 억지로 정해두는 게 아니라 자신의 집중력과 추진력에 맞게 조정하는 것이다. 이렇게 하면 더 쉽게 몰입에 들어가고 또 유지할 수 있게 된다.

작업에 들어갈 때 우선 시작 시간을 메모한다. 그러고 나서 최대한 집중력을 유지하면서 그 일에 몰두한다. 그러다 집중력이 떨어진다는 생각이 들면 멈추고 바로 휴식을 취한다. 이때 그동안 얼마 동안 작업을 지속했는지, 몇 시에 멈췄는지를 기록한다. 그런 다음 다시 작업에 들어갈 준비가 되었을 때 휴식을 끝낸다. 이때 시간 역시 기록한다.

이 기법에 따라 작업을 하게 되면 자신이 어떤 패턴을 갖고 있는지를 확인할 수 있다. 시간이 흐르면서 자신의 패턴은 자연스럽게 드러난다. 여러 번 반복해서 기록해볼수록 자신의 패턴은 더 강하게 나타날 것이다. 이 기법을 연습할 때는 모든 정보를 종이 혹은 디지털 기기에 기록하는 것이 중요하다. 기록 항목은 다음과 같이 하면 된다.

- 작업명
- 시작 시간
- 종료 시간
- 지속 시간
- 휴식 시간

뭔가를 시작할 때 어떤 작업인지부터 우선 쓰고 시작 시간을 기록한다. 작업을 중단할 때 역시 시간을 기록한다. 작업 지속 시간이 얼마나 되는지 계산한 뒤 휴식을 취한다. 휴식을 끝낼 때는 얼마나 오래 쉬었는지도 기록한다. 이 과정을 반복한다. 나의 경우에는 펜과 종이 같은 아날로그 도구를 선호한다. 하지만 어떤 도구를 쓸 것인지는 전적으로 당신의 몫이다. 하루를 마친 뒤 기록을 저장한 표를 보면 다음과 비슷할 것이다(150쪽 참조).

덧붙이자면, 몰입 시간 기법을 훈련하는 사람들 중에는 작업 중 끊긴 시간을 추가하는 경우도 많다. 작업을 지속하는 동안 몇 번이나 끊김 현상이 있었는지를 기록하는 것이다. 그런데 이 방법은 그다지 큰 도움이 되지는 않는다. 얼마나 끊겼는지를 안다고 해서 끊김 현상을 피할 수 있는 건 아

작업명	시작 시간	종료 시간	지속 시간	휴식 시간
피아노 연습	7:00 am	7:40 am	40분	15분
의뢰 프로젝트 착수	7:55 am	9:20 am	1시간 25분	40분
면허 시험 공부	10:00 am	11:15 am	1시간 15분	20분
문자 및 이메일 회신	11:35 am	11:50 am	15분	40분 (점심시간)
작곡	12:30 pm	2:35 pm	2시간 5분	30분
단편소설 쓰기	3:05 pm	4:55 pm	1시간 50분	35분
검토 및 준비	5:30 pm	5:55 pm	25분	퇴근 시간

몰입 시간 기법 연습하기

니기 때문이다.

나의 경우에는 '끊김 기록'을 별도로 관리하는 쪽을 선호한다. 몰입이 중단될 경우, 끊김이 발생한 시간, 끊김의 유형(예컨대 전화, 예고 없이 찾아온 손님 등), 끊김 지속 시간, 그리고 내가 취해야 할 후속 조치 등을 기록하는 것이다. 이런 정보

몰입은 과학이다

를 기록하다 보면 어느 순간 통찰력이 생기고 실행력을 높이는 데도 더 도움이 된다.

이쯤 되면 당신은 이제 몰입 시간 기법이 시간 단위를 쪼개어 늘려나가는 방법과 유사하다는 사실을 알아챘을 것이다. 두 방법은 실제로 가까운 친척 같은 관계고, 같은 수준의 연습 효과가 있을 것이다. 자, 이제 실제로 연습해보자.

EXERCISE #9

이제 몰입 시간 기법을 사용해서 연습해보자.

먼저, 종이 혹은 디지털 기기 프로그램을 통해 왼쪽 예시에 나오는 표 모양을 만든다.

둘째, 어떤 작업을 할 것인지 선택한다. 일과 관련된 것이어도 되고 취미 생활과 관련된 것(소설 읽기 등)도 좋다. 표의 첫 번째 열에 작업명을 간략히 적는다.

셋째, 시작 시간을 적는다. 계속해서 그 일에 몰두하다가 집중력이 떨어져서 딴생각이 들면 멈추고 시간을 적는다.

넷째, 잠시 휴식한다. 얼마나 오래 쉴지는 전적으로 내가 정한다. 중요한 것은 다시 작업을 시작할 준비가 되었을 때를 아는 것이다. 휴식을 끝낼 준비가 되었다면, 얼마나 쉬었는지 기록한다. 이 과정을 하루 종일 반복한다. 시간 단위 늘리기나 몰입 시간 기법을 연습해본 적이 없다면, 최소 일주일 동안 매일 이 연습을 해보자. 그런 다음 기록을 훑어보며 나의 패턴을 찾는다. 다음 질문을 통해 나의 패턴을 파악해보자.

- 집중력이 떨어지기 전까지, 얼마나 오랫동안 그 활동에 온전히 몰두할 수 있었는가?
- 얼마나 오래 쉰 다음에 기분 전환이 되고 새로 작업에 들어갈 준비가 되었는가?
- 어떤 작업의 경우에는 몰입이 잘되고 또 어떤 작업의 경우에는 몰입이 힘든 경우가 있었는가?
  (어떤 작업은 보통의 다른 작업들보다 더 까다로울 수 있다.)

일주일 넘게 몰입 시간 기법을 연습하다 보면 내가 이 일을 어떻게 하고 있는지, 휴식 패턴은 어떤지를 확실하게 파악할 수 있다. 나의 패턴을 정확하게 인지할수록 몰입에 들

몰입은 과학이다

어가고 유지하는 능력은 향상될 수 있다.

소요 시간 : 24시간(최소)

10단계 :
피드백 루프 만들기

　　"피드백 루프는 매우 중요하다. 그것은 여러분이 무엇을 했고 어떻게 해야 더 잘할 수 있는지 끊임없이 생각하는 것이다."

_일론 머스크(테슬라, 스페이스X, 오픈AI 창업자)

몰입 상태란 눈앞의 작업에 집중하고 빠져드는 것만이 전부가 아니다. 자신이 그 일을 효과적으로 하고 있는지 판단하는 능력도 포함되어 있다. 이것은 내가 지금 '무엇'을 하고 있는지뿐 아니라 '어떻게' 하고 있는지도 알아야 한다는 말

　　　　　　　　몰입은 과학이다

이다.

앞서 2부에서 긍정적인 피드백 루프가 필요하다는 것은 이미 이야기한 바 있다. 이것은 꼭 타인의 피드백을 말하는 것이 아니다. 나 스스로 몰입해서 진행한 일에 대해 기준을 세우고 그것에 관해서 조정하는 과정을 거치라는 말이다. 피드백 루프가 루틴으로 자리 잡으면 시간이 지날수록 성취감을 느낄 수 있다.

피드백 루프는 왜 필요할까?

긍정적인 피드백 루프가 있다면 만약 실수를 한다 해도 연연하지 않고 앞으로 나아갈 힘이 생긴다. 내면에서 스스로에 대한 비판의 목소리가 커지면 주의력이 흐트러지는데 그럴 위험도 사그라든다. 자신의 행동을 지나치게 곱씹어본다거나 이미 벌어진 일에 대해서 후회하는 태도가 줄어들고 만약 실수를 한다 해도 덜 민감하게 받아들인다. 이런 태도의 이점은 지금 자신의 수행 능력을 합리적으로 판단하고 조정해나갈 수 있다는 것이다.

예를 들어, 내가 마라톤 대회에 참가하기 위해 훈련을 하고 있다고 가정해보자.

마라톤 초보자라면 나는 몇 주에 걸쳐서 점점 달리는 거리를 늘려나가야 한다. 이때 거리와 속도를 바탕으로 주간 목표를 정하면서 피드백 루프를 설정할 수 있다. 이런 과정을 통해 실력이 향상되는 과정을 추적하면서 훈련의 강도나 방법 등을 조정하면 된다.

이렇게 피드백 루프를 설정해두면 불필요한 내면의 비평가를 잠재울 수 있다. '내가 마라톤을 과연 완주할 수 있을까?'라고 고민하기보다는 '금주에 할 수 있는 만큼만 해보자'라고 생각하기 때문에 목표에 더 집중할 수 있게 된다는 말이다. 한 주 한 주 정해져 있는 목표를 달성하는 데 성공한다면, 이미 훈련을 하는 과정에서 성취감을 느끼게 된다. 그리고 목표를 달성하지 못한다면 훈련의 강도와 방법을 조정하면 된다. 어느 쪽이든, 올바른 방향으로 가고 있다는 생각이 들기 때문에 자신감을 유지하며 편안한 마음을 갖게 된다.

이렇게 피드백 루프는 자기 확신을 심어준다. 그리고 자기 확신은 내면의 소음을 제거하기 때문에 잡생각 없이 훈

몰입은 과학이다

런 자체에 푹 빠져들 수 있게끔 해준다.

EXERCISE #10

이 연습은 쉽고 간단하다. 들이는 시간에 비해 굉장히 유용한 방법이니 과소평가해서는 안 된다. 이 연습을 주기적으로 한다면, 몰입에 들어가는 것뿐 아니라 꾸준히 상태를 유지하기도 쉬워질 것이다.

첫째, 어떤 활동으로 연습할지 정한다. 공부나 운동, 요리, 정원 가꾸기, 소설 쓰기, 블로그 만들기, 일과 관련된 프레젠테이션 자료 만들기 등등 어떤 활동이든 좋다.

둘째, 이 활동을 할 때 어떤 기준을 세워서 성취감을 얻을지 구상해본다. 예를 들어 특정 시험공부를 하고 있다면 관련된 교과서의 페이지 수가 기준이 될 수 있다. 소설을 쓰고 있다면, 오늘 몇 장까지 완성할 것인지, 블로그 글을 쓰고 있다면 오늘 몇 꼭지 기사를 올릴 것인지가 기준이다.

셋째, 전 단계에서 구상한 내용을 바탕으로 구체적으로 자잘한 목표들을 세운다. 예를 들어 소설을 쓰고 있다고 가정해보자. 시간과 단어를 기준으로 '30분 안에 단어 250개 쓰기' 같은 목표를 정할 수 있다.

마지막으로, 목표를 기준으로 삼고 실전에 돌입한 후 진척 상황을 살펴본다. 제대로 되고 있는가? 그렇다면 훌륭하다. 만약 아니라 하더라도 조정하면 된다. 예를 들어 30분 안에 단어를 250개나 쓰는 것이 비현실적이라는 걸 깨달았다면 이것은 소중한 피드백이다. 그렇다면 목표를 '30분 안에 단어 200개 쓰기'라는 식으로 조정하면 된다. 이후에도 계속 진척 상황을 체크해서 목표 조절에 들어간다.

이 연습에 익숙해지면 걱정이나 자책하는 데 들어가는 쓸데없는 에너지를 아낄 수 있다. 또 실패했을 때도 자동으로 긍정적이고 목적의식적으로 반응하게 된다.

소요 시간 : 15분

몰입은 과학이다

◑ 피드백 루프 만들기 실전 연습

1. 어떤 활동으로 연습할 것인가?

_____

_____

_____

_____

2. 오늘 어디까지 진도를 나갈 것인가?

_____

_____

_____

_____

3. 내가 정한 진도까지 나가기 위해서 한 시간 동안 완성해야 할 양은?

_____

_____

_____

_____

몰입 10단계 프로세스
1분 요약

3부를 마무리하면서, 지금까지 다룬 개념들을 간단히 요약해보겠다. 정확히 1분 안에 읽을 수 있는 요약본을 준비했으니 그 시간 안에 읽어보자.

몰입을 위한 루틴 만들기

루틴을 이용하면 우리 삶에 구조가 생기고 더 효율적으로 움직일 수 있다. 루틴은 우리 뇌에 어떤 일이 일어날 거라고 미리 신호를 보내는 행위다. 복잡한 생각 없이 행동에 들어갈 준비를 하도록 해준다. 루틴은 몰입의 숨은 영웅이다.

나의 활동 주기 확인하기

우리의 에너지는 기본 휴식 활동 주기(BRAC)에 따라 하루 종일 오르락내리락한다. 일단 자신의 BRAC를 확인하고 나면, 에너지 피크 타임을 중심으로 몰입 계획을 세울 수 있다.

주의력 다이어트 시작하기

몰입하기 위해서는 우선 지금 하는 일에 대한 집중력이 필요하다. 문제는 셀 수 없이 많은 주의력 분산 요인들이 내 주변에 도사리고 있다는 것이다. 그 훼방꾼들을 제거하는 것부터 해보자. 훨씬 더 몰입하기가 수월해진다.

명확한 목표 설정하기

명확한 목표는 어떤 행동을 해야 할지 알려주기 때문에 잡생각을 지우고 앞으로 나아가게 만든다. 이 목표는 대단한 것일 필요는 없다. 단지 정확하기만 하면 된다.

'나는 무엇을 추구하는 사람인가?'라고 스스로에게 질문하기

어떤 일을 하든 그것이 외부의 보상보다는 자기 자신의
관심사이거나 스스로 만족하기 위해서 할 때 훨씬 더 동
기가 부여되고 몰입감을 느끼는 것도 더 쉬워진다. 그렇
다면 내가 무엇을 좋아하고 무엇을 추구하는지 그것을 잘
아는 것이 중요하다. 이것을 알아내는 방법은 자신의 내
면에 질문을 던지는 것이다.

모노태스킹을 습관화하기

멀티태스킹은 몰입의 적이다. 우리 뇌에 가혹한 전환 비
용을 부과하고 주의력 자원을 갉아먹는다. 나에게 주어진
시간을 여러 단위로 쪼개서 짧은 시간일지라도 한번에 한
가지 일에만 전념하는 습관을 들인다.

난도 최적화하기

해야 할 작업은 너무 쉬워도, 너무 어려워도 안 된다. 어느
정도 까다로우면서도 성취할 수 있는 것이어야 한다. 난
도를 적절하게 맞추면 더 쉽게 몰입에 들어갈 수 있다.

몰입은 과학이다

7가지 휴식 활용하기

물론 수면은 필수다. 하지만 신체적, 정신적, 정서적인 면에서 진정으로 휴식을 취하려면 수면만으로는 부족하다. 사람에게 필요한 7가지 휴식을 골고루 배합해서 쉬어보자. 훨씬 더 몰입이 쉬워질 것이다.

포모도로가 힘들다면 몰입 시간 기법을 활용하라

몰입 시간 기법은 포모도로 기법보다 우월하다. 자신의 상황(예컨대 에너지 수준과 일정 등)에 맞추어 자유롭게 일하면서도 충분히 집중할 수 있다.

나만의 피드백 루프 만들기

내가 잘하고 있는지 체크하고 관리할 방법, 그것이 바로 피드백 루프다. 이것은 스스로 만들어야 한다. 피드백 루프는 무리하게 하지 않으면서도 열심히 할 수 있도록 독려하는 동기 부여의 도구다.

4부

몰입에 대한
짧은 상식

어떻게 하면 몰입에 들어갈 수 있는지, 그 메커니즘을 이해한다는 건 몰입 퍼즐에서 가장 중요한 조각이다. 하지만 다른 조각들도 고려해봐야 한다. 그런 것들에 익숙해지면 몰입이 어떻게 작동하는지, 어떻게 몰입을 최대한 활용할 수 있는지 등을 더 잘 이해할 수 있다. 4부에서는 몰입에 들어가는 것을 넘어 몰입 상태를 유지하는 것과 관련한 몇 가지 중요한 내용을 자세히 다룰 것이다.

몰입을 경험할 때 스스로 인식하는 법을 배우면 의도와 확신을 갖고 그 상태를 받아들일 수 있다. 몰입의 범위와 몰입의 변형을 활용하는 방법에 대해서도 알아볼 것이다. 마지막으로 몰입의 '어두운 면'(실제로 위험이 있다)도 알아보도록 하자.

몰입의 7가지 신호

몰입은 주관적인 경험이다. 저마다 자신만의 경험을 한다. 당신의 경험은 다른 어떤 누구의 경험과도 같지 않다. 그럼에도 불구하고 몇 가지 특징들은 사실상 보편적이다. 당신도 몰입 상태에 있을 때마다 그 특징들을 관찰할 수 있을 것이다.

오늘날 몰입을 평가하고 측정하는 전문적인 도구에는 여러 가지가 있다. 기질적 몰입 척도(Dispositional Flow Scale)[13], 상황 특정적 몰입 문진표(Situation Specific Flow Questionnaire)[14] 그리고 활동 몰입 상태 척도(AFSS, Activity

Flow State Scale)^{주15} 등이 바로 그것이다.

이 도구들은 특정한 통제하에 진행한 연구에서는 효과적이라고 입증되었지만, 상당한 시간과 노력이 들어간다는 단점이 있다. 일상생활에서 몰입을 달성했는지 판단하는 데 이런 도구들을 사용하는 것은, 내 생각에는 이익을 볼 수 없는 투자와 비슷하다. 이보다 좀 더 간단한 방법이 있다. 바로 80대 20의 법칙 <small>파레토의 법칙. 80퍼센트의 결과가 20퍼센트의 원인에서 발생한다는 법칙이다-옮긴이</small>을 이용하는 것이다. 20퍼센트 원인이 뭔지만 알면 어느 정도 정확한 평가를 끌어낼 수 있다.

만약 내가 몰입을 달성했는지 아닌지 헷갈린다면 아래 7가지 신호들을 찾아야 한다. 물론 많은 사람들이 평생에 걸쳐 각각의 신호들을 산발적으로 경험한다. 만약 이 7가지 신호가 한 번에 존재한다면, 당신은 확실히 몰입을 경험했다고 말할 수 있다.

신호 1 굳이 생각하지 않아도 몸이 알아서 움직인다

어떤 일을 할 때 만약 내가 그에 대한 기술이나 지식이 부족하다면 깊이 생각하면서 아주 조심스럽게 행동할 수밖에 없을 것이다. 실패할 경우 사람들의 조롱이나 동정을 받게 될까 봐 두렵기 때문이다.

예를 들어, 처음 운전을 배울 때 어떤 기분이었는지 되돌아보자. 아마도 바짝 긴장했을 것이다. 그럴 때는 모든 행동에 대해 생각부터 해야 했다(예컨대 시동을 걸거나, 후진 기어를 넣거나, 백미러를 확인한다거나 할 때마다). 한 번의 실수가 대형 참사를 불러올 수도 있기 때문이다. 그런데 운전이 능숙해진 이후에는 어떨까?

수년 동안 운전을 한 이후라면 이미 능숙해졌기 때문에 자신감이 생겼을 것이다. 이때는 더 이상 모든 행동에 대해 생각할 필요가 없다. 이미 운전이 내 몸에 배어 있기 때문이다. 굳이 일일이 따져보고 생각해서 행동을 계산할 필요가 없어진다는 말이다.

신호 2 완전한 통제감을 느낀다

경험과 능숙함, 자신감은 또 다른 효과를 낳는다. 이 세 가지

키를 내가 다 쥐고 있으면 일하는 순간을 통제하고 있다고 느낀다. 지금 무엇을 하고 있는지, 무엇을 성취하고 싶은지 꿰뚫고 있으며 결과를 예측하는 능력도 갖고 있다. 운에 맡길 일은 아무것도 없다고 느낀다. 결과에 영향을 미칠 수 있는 모든 요소를 자기 자신이 통제하고 있다고 여기기 때문이다.

예를 들어 내가 숙련된 요리사라고 해보자. 이미 수백 번은 해봤던 요리를 준비하고 있다. 모든 재료에 대해서도 잘 알고 있다. 어떤 재료를 먼저 넣고 얼마나 오랫동안 익혀야 하는지, 얼마나 뜸을 들여야 하는지 정확히 안다. 접시에 어떻게 담아야 할지도 알고 있다. 이때 나는 결과에 대해서 완전한 통제감을 느낀다.

물론 모든 일을 100퍼센트 통제할 수는 없다. 언제든지 변수가 나타나거나 비상사태가 발생할 수도 있다. 여기서 중요한 건 경험과 능숙함 그리고 자신감이 불러온 통제감이다. 이것은 몰입하고 있다는 강력한 신호다.

신호 3 그 일을 하는 동안 기쁨을 느낀다

3부의 5단계, '내재적 동기 부여하기'에 나왔던 내용을 상기해보자. 타인이 아닌 나 자신이 보람을 느끼는 일을 선택하는 건 그만큼 중요하다. 내가 즐거워야 그 일이 흥미롭고 신이 나며 만족스럽다. 누가 시켜서 하는 게 아니라 나 자신이 그 일이 좋아서 했던 기억을 떠올려보자.

가장 쉬운 예로 내가 가장 좋아하는 취미가 있을 것이다. 요리나 독서, 친구들과 같이 즐기는 스포츠, 사진 찍기, 직소 퍼즐 풀기, 또는 기타 연주 등등. 정말 내가 즐기는 것을 할 때 마음이 편안해지고 자신감이 생기며 몰입감을 느낀 적이 있을 것이다. 특히 그 일에 몰두하는 시간만큼은 주변 세상이 희미하게 사라져버리는 경험도 해봤을 것이다. 이런 느낌을 받았다면 당신은 몰입 상태와 아주 가깝거나 이미 그 안에 있을 가능성이 높다.

신호 4 주변에서 일어나는 일에 둔감해진다

우리는 깨어 있는 시간 동안 여러 가지 환경에 노출되어 있다.

예를 들어 동료들이 잡담하는 소리가 멀리서 들리면 어떤 이야기를 하는지 궁금해진다. 하늘에 구름이 잔뜩 껴 있는 걸 보면 퇴근길에 비가 올까 봐 조바심이 난다. 향긋한 냄새를 맡으면 배가 고파진다. 그런데 내가 하는 일에 온전히 몰두할 때는 인지 시야가 좁아져 주변에서 일어나는 일들에는 둔감해진다.

이럴 때는 내부나 외부의 자극 때문에 주의가 산만해질 가능성이 훨씬 적다. 예를 들어, 동료들이 가까이에서 수다를 떨어도 그 소리를 못 들을 수도 있다. 몇 시간 동안 먹은 게 없다 해도 점심이나 저녁 끼니를 깜박 잊을지도 모른다. 창문 앞에 앉아서 밖을 내다보면서도 날씨를 아예 인식하지 못하는 경우도 있다. 자신의 모든 에너지가 바로 눈앞에 있는 작업에 쓰이고 있기 때문이다.

신호 5 자의식 없이 행동한다

자의식은 우리가 행동하고 결정하는 데 유익한 영향을 미치기도 한다. 예를 들어, 우리가 저지른 실수가 다른 사람들에게 파장을 미칠 때 자의식을 느낄 수 있다. 자신의 실수를 책임지고 속죄하려는(적절한 방식으로) 마음이 든다면 그것은 건강한 자의식이 발동한 것이다.

하지만 대개의 자의식은 해로운 영향을 미친다. 특히 자의식을 제대로 관리하지 못할 때 더 그렇다. 머릿속이 자의식으로만 가득 차면, 상황에 적응하거나, 곤란한 상황을 피하거나, 타인의 기대에 부응하려고 노력하다가 스트레스를 받고 불안해진다. 어떤 사람들은 심신이 쇠약해지기도 한다.

뭔가에 완전히 집중할 때 자의식은 나에게 영향을 미치지 않는다. 실수할까 봐 노심초사한다거나 남들에게 어떻게 보일지 걱정돼서 초조해지는 법이 없다. 내 안에 들어 있는 비평가가 더 이상 나의 행동과 결정을 억누르지 않는다. 그렇게 되면 두려움은 눈 녹듯 사라지고, 마음이 편안해지면서 자신감이 생긴다.

신호 6 시간 개념이 증발한다

지루한 일을 해본 적이 있다면 시계를 자꾸 확인할 때 어떤 마음인지 이해할 것이다. 초침이 달팽이 같은 속도로 기어가고, 점심시간(또는 퇴근 시간)은 영원히 오지 않을 것만 같은 느낌을 받을 때도 있다.

그와 반대로, 마감 시간에 쫓겨서 급히 일을 마쳐야 하는 상황도 겪어봤을 것이다. 이때 시계를 보는 느낌은 또 달랐을 것이다. 어쩌면 압박감 때문에 극도의 스트레스를 받았을지도 모른다. 이 두 경우 모두 시간을 예민하게 인식한 경우다. 그때가 몇 시였냐고 누군가 물으면 당신은 기억을 더듬어보지 않고서도 정확한 시간을 말해줄 수 있을 것이다.

만약 뭔가에 완전히 몰두한다면 이러한 시간 개념은 사라진다. 지금 이 순간을 인식하고 지금 하고 있는 일에 모든 에너지가 몰려 있기 때문에 시간의 흐름에는 신경 쓸 겨를이 없는 것이다.

몰입은 과학이다

신호 7 지금 내가 무엇을 하고 있는지 명확하게 인식하고 있다

많은 사람들이 자신이 하는 일에 대해 완전히 이해하고 있는 것은 아니다. 일을 하는 순간에는 무슨 일인지 인식하고 있을지 모르지만 '왜'라는 질문에 대한 통찰력은 부족하다.

예를 들어 회사에서 보고서를 작성해서 상사에게 제출하지만, 궁극적으로 누가 그것을 사용하고 어떤 목적으로 쓰는지는 잘 모른다. 팀 스포츠에 참가할 때도 그 스포츠나 팀 동료들에게 진심으로 관심이 있어서라기보다는 습관적으로 그렇게 한다. 구체적인 목표나 계획 없이 성적에 맞춰서 대학을 선택하거나 별생각 없이 어떤 수업이나 교육 과정에 등록하는 경우도 많다.

그렇다면 이번에는 자신이 무엇을 왜 하고 있는지 명확하게 인식하고 행동할 때를 떠올리면서 앞의 경우를 비교해 보자. 후자의 경우에는 명확한 목표가 있다. 나 스스로 무엇을 성취하고 싶은지 알고 있다. 그렇게 하기 위한 지식과 기술도 갖추고 있다. 이럴 때 모호한 느낌은 없다. 후자의 마음 상태를 갖고 있다면 그것은 몰입으로 가는 진입로다.

7가지 신호를 동시에 경험한 경우

물론 각각의 신호가 있다고 해서 반드시 몰입 상태에 있다는 말은 아니다. 많은 사람들이 평범한 일상을 보내는 동안 한 가지 이상 신호를 감지한다. 만약 이 7가지 신호를 동시에 경험했다면, 그것은 몰입으로 가는 길이거나 그 안에 들어가 있다는 뜻이다.

최소 몰입과 최대 몰입

지금까지 '몰입에 들어갈 수 있다 혹은 없다'라는 이분법적 논리로 몰입에 대해 이야기했다. 그런데 이런 분석은 부족한 면이 생긴다. 몰입 상태는 무수히 많은 단계가 있고 유동적이며 광범위하기 때문이다. 이러한 몰입의 특징을 그대로 인정하면 몰입에 들어가는 것도 너무 어렵지 않게 느껴진다.

'몰입에 들어가기 위해 완벽한 환경을 만들지 않으면 안 된다'라거나 '몰입의 전제 조건을 모두 완벽하게 충족해야 된다'라는 생각을 이제 살짝 내려놓자. 그러면 비록 내가 원하는 것보다 더 소박한 형태일지라도 몰입을 경험할 수 있을 것이다.

최소 몰입이란 무엇인가?

앞서 '3부 몰입으로 들어가는 10단계 프로세스'에서는 몰입에 들어가기 위한 전제 조건에 대해 이야기했다. 나의 에너지 피크 타임을 찾아내고, 명확한 목표를 정하고, 내재적 동기를 부여하고, 피드백 루프를 만드는 것이 얼마나 중요한 일인지 차례로 설명했다. 그런데 이 모든 전제 조건들이 충족되지 않는다면 어떻게 될까? 그럴 경우에는 절대 몰입할 수 없다는 뜻일까?

한 마디로 답하자면, 아니다. 그렇다 하더라도 당신은 몰입에 들어갈 수 있다. 이때 활용할 수 있는 것이 바로 '최소 몰입'이다.

최소 몰입은 몰입의 전제 조건 중 일부만 갖추었을 때 활용할 수 있다. 예를 들어, 당신이 회사 일과 관련된 프로젝트를 진행 중이라고 해보자. 업무 환경에서 주의를 분산시

몰입은 과학이다

킬 만한 요소들을 없앴고, 피드백 루프를 정해서 진행 상황을 평가했으며, 해야 할 일이 까다롭긴 하지만 당신 수준에서 해낼 수 있는 일이라는 것도 파악했다. 그러나 불행히도 그 일을 해야 하는 시간은 에너지 피크 타임이 아니었다. 정확한 목표가 뭔지도 잘 알지 못했다. 그렇다고 해서 모든 일이 다 틀어지는 것은 아니다. 몰입의 조건이 다 채워지지 않더라도 당신은 몰입을 경험할 수 있다. 다만 몰입감의 정도가 얕을 뿐이다. 집중력의 정도도 줄어들지 모른다. 몰입이 지속되는 시간도 마찬가지이다. 하지만 몰입의 이점은 여전히 누릴 수 있다. 예를 들어 창의력이 샘솟거나 내면의 비평가가 잠잠해지는 것이다. 또 생산성이 올라가고 기분이 좋아지며 자기 만족감이 높아질 수 있다. 이런 경우를 최소 몰입이라고 한다. 물론 완벽한 몰입 상태에 비하면 하위의 경험이긴 하지만 몰입과 똑같은 경험을 느낄 수 있다.

최대 몰입이란 무엇인가?

최대 몰입은 가장 큰 범위의 몰입을 경험하는 것이다. 주변에서 무슨 일이 일어나는지 둔감해지고 자의식이 사라지며 현재 하고 있는 일 외에 다른 일은 시야에서 사라지는 것을 경험하는 것이다. 이것이 전형적인 몰입의 현상으로 이 책에서 전반적으로 설명하고 있는 몰입의 상태다. 흔히 우리가 생각하는 전형적인 몰입 말이다. 이것은 최소 몰입에 비해 훨씬 더 강렬하고 생산적이다. 그러나 몰입의 전제 조건이 모두 충족되어야 경험할 수 있다.

몰입에는 수많은 스펙트럼이 있다

요약하자면, 몰입 경험은 조명 스위치처럼 켜거나 끄거나 할 수 있는 것이 아니다. 몰입에는 여러 단계들이 스펙트럼처럼 존재하고 있을 뿐이다.

중요한 것은 스펙트럼의 어느 단계에 있든 그 상태를 최대한 활용하라는 것이다. 만약 나에게 주어진 환경이 몰입에 들어갈 수 없는 조건이라면 최소 몰입을 활용해야 한다. 집중도나 몰입감이 완벽하지 않다고 해서 몰입할 수 없다고 포기해서는 안 된다. 그런 상황에서도 충분히 창의적이고

몰입은 과학이다

생산적으로 내가 원하는 결과물을 이끌어낼 수 있다.

몰입을 더 오래 지속하는 방법

몰입 상태를 얼마나 지속할 수 있는지에 대해서는 의견이 분분하다. 한 연구에 따르면 뇌가 최적의 상태로 작동할 수 있는 시간은 불과 45분이다. 하지만 이 연구가 진행된 해는 1979년이었다.[주16] 그 뒤로 수십 년 동안 우리는 몰입 상태의 뇌 활동에 대해 훨씬 더 많은 정보를 알게 되었다.[주17] 현재의 연구 결과에 따르면 우리는 훨씬 더 오랫동안 몰입 상태에 머무를 수 있다. 오늘날엔 각계각층의 사람들이 몇 시간씩 몰입을 경험했다는 연구도 발표된 바 있다.

이렇듯 우리는 여러 시간 동안 몰입할 수 있는 능력을 갖

몰입은 과학이다

고 있음에도 대부분이 그런 기회를 그저 흘려보낼 뿐이다. 2013년 맥킨지사는 10년 동안 5000명의 회사 임원을 대상으로 실시한 조사 결과를 보고했다. 소수의 임원들은 업무 시간 중 절반을 몰입 상태로 보낸다고 답했다. 하지만 나머지 대다수는 몰입 상태로 일하는 시간이 10퍼센트도 되지 않는다고 답했다.[18]

알다시피 의도치 않은 상황은 언제나 몰입을 방해하곤 한다. 예를 들어 누군가가 사무실로 불쑥 찾아오면 업무 집중력이 깨질 수밖에 없다. 또 가족 중 누군가가 아프거나 급한 일이 생겨서 당장 거기에 신경을 써야 할 때도 있다. 이런 응급 상황은 언제나 가장 우선순위를 차지한다. 그런데 가만히 생각해보면 이런 상황은 흔치 않다. 일반적으로는 나 스스로 컨트롤할 수 있음에도 몰입하지 못하는 경우가 태반이다. 이 사실을 명심하자. 이제 몰입을 더 오래 유지하는 방법에 대해 이야기해보자.

↓ 작고 산만한 작업들을 먼저 처리한다.

우리는 하루 종일 주변에서 일어나는 아주 사소한 일들에 주의를 빼앗긴다. 그런 일들은 계속 쌓이고 쌓이면서 빨리 해결하라고 우리를 재촉한다. 회신이 필요한 이메일과 문자, 대기 중인 음성 메일은 호기심을 자극한다. 책상에는 오늘 정리해야 할 서류들이 놓여 있다. 물론 이런 요소들을 무시한 채로 몰입에 들어갈 수도 있다. 하지만 문제는 이것들이 주의력 분산 요인이 되어 질 높은 몰입을 방해한다는 것이다. 그러므로 그런 위험 요소를 피하기 위해서는 몰입에 들어가기 전에 해당 작업들을 먼저 처리하는 게 좋다. 이메일과 문자에 회신을 한다. 음성 메일을 듣고 필요하다면 답신을 보낸다. 서류를 정리한다. 머릿속에서 이런 잡동사니를 깨끗하게 청소하고 나면, 몰입의 질이 훨씬 더 나아지고 지속 시간도 더 길어질 수 있다.

몰입은 과학이다

↓ 난도를 높인다

앞서 몰입의 전제 조건 중 하나가 작업의 난도와 능력 사이의 균형이라고 말한 바 있다. 해내야 할 일이 나의 능력보다약간 난도가 높고 그 일을 해결할 정도의 자신감을 갖고 있다면 최적의 조건이다.

때로는 처음에는 어려웠다가도 점점 쉬워지기도 한다. 심지어는 시간이 지나면서 지루하게 느껴질 수도 있다. 예를들어 해야 할 작업이 데이터 입력이라고 해보자. 처음에는오류를 줄이면서 정확하게 입력하는 데 집중하느라 신경이곤두선다. 그러나 시간이 지나가면서 근육 기억이 발달하게되고 작업이 단조로워진다. 이렇게 일이 단조롭다고 느끼면긴장도가 사라지면서 몰입에 균열이 생긴다. 그러므로 만약이런 문제 때문이라면 작업의 난도를 약간 높이면 된다. 그러기 위한 방법 중 하나로 앞서 이야기한 게임화가 있다. 그리고 또 한 가지 방법으로 접선 몰입(tangential immersion)이라는 것도 참고해보자. 접선 몰입이란, 두 가지의 지루한 작업을 동시에 수행하면서 뇌를 계속 바쁘게 만드는 것이다.주19

물론 가장 중요한 건 지루할 정도로 일이 쉽게 느껴진다면 난도를 조절해서 긴장감을 높이는 것이다.

↓ 나에게 맞는 소리를 이용한다

많은 사람들이 조용한 데 있어야 집중할 수 있다고 생각한다. 그런데 사실 어떤 사람들한테는 그럴지 모르지만 모든 사람들이 다 그렇다고 말할 수는 없다.

지금까지 나온 수많은 연구 결과들에 따르면, 뇌는 특정 소리에 긍정적으로 반응한다. 예를 들어 1993년에 연구자들은 모차르트 음악을 들으면 공간 추론 능력이 좋아진다는 사실에 주목했는데 이는 '모차르트 이펙트'로 세상에 알려졌다.[주20]

최근에는 백색소음이 집중에 도움을 줄 뿐 아니라 창의력에도 좋다는 연구 결과가 나온 바 있다.[주21] 또 바이노럴 비트(binaural beat)와 모노럴 비트(monoaural beat)가 집중력과 인지력에 어떤 영향을 미치는지 연구한 자료도 발표되었다. 이는 뇌파동조술로 특정 소리로 뇌파를 인위적으로 만들어내는 과학적 방법을 말한다. 이어폰 등

을 통해 양쪽 귀에 서로 다른 주파수의 신호를 보내면 뇌가 두 주파수의 차이를 인지하여 제3의 신호

음을 인식하게 되는데 이를 바이노럴 비트라고 한다. 이것을 하나의 스피커로도 가능하게 만든 기술

이 모노럴 비트다 - 옮긴이 **주22**

이렇듯 특정한 소리는 몰입에 큰 도움이 될 수 있다. 문제는 사람마다 반응하는 소리가 다르다는 것이다. 그러므로 자신에게 맞는 소리를 찾으려면 실험을 해야 한다. 어떤 사람에게는 모차르트가 아니라 바흐의 음악이 몰입에 효과적일 수 있다. 또 백색소음이 오히려 주의력을 흐트러뜨리고 낮은 주파수의 소리 파동을 사용하는 '핑크 노이즈(pink noise)'가 도움이 될 수도 있다. 그러므로 여러 소리들을 광범위하게 들으면서 나와 맞는지 실험해보고 결과를 기록해보자. 효과가 있었다면 계속 사용하고 그렇지 않은 소리는 폐기한다.

방해 요소들을 피하기 위한 계획을 미리 세운다

몰입을 방해하는 요소들 중 불가피한 것들은 최소화하거나

피하기 위해 노력해보자.

　예를 들어 동료들이 끊임없이 잡담을 나누는 곳에서 일하고 있다고 해보자. 회의실이나 다른 조용한 공간으로 이동할 수 없다면 소음 차단 헤드폰을 쓰고 일할 수밖에 없을 것이다. 또 휴대폰을 무음으로 설정하고, 인터넷 접속을 차단하고, 벽시계가 없는 방에서 일하는 것도 방법이 될 수 있다. 별도로 본인만의 사무실이 있다면 문을 닫고 일하고, 만약 집에서 일한다면 특정 시간 동안 방해하지 말아달라고 미리 양해를 구할 수도 있다. 배가 고파서 집중이 안 되는 상황을 막기 위해서는 일을 시작하기 전에 단백질과 건강한 지방이 풍부한 식사를 하는 것도 좋다. 압박감이 심해서 집중력이 흐트러질 것 같으면 작업의 양을 작은 단위로 쪼개서 차근차근 진행할 수도 있다.

　이렇게 여러 가지 방법을 통해 최대한 방해 요소들을 피해보자. 그러면 눈앞의 작업에 완전히 빠져들어 더 오랫동안 몰입할 수 있을 것이다.

시작하기 전에 필요한 '도구들'을 준비한다

어떤 일이든 그 성격에 따라 특정한 도구가 필요하다. 그중에는 참고서나 서류철, 기타 다양한 장비들(예컨대 노트북, 제도 도구 세트, 조리 도구 등)처럼 물리적인 도구도 있을 수 있고 클라우드 서버에 저장한 파일이나 소프트웨어, 분석이나 계산에 필요한 앱 등 디지털 도구도 있을 수 있다.

중요한 건 자신에게 필요한 도구를 미리 준비하지 않은 채 작업을 시작하면 중간에 그걸 찾느라 몰입이 깨진다는 것이다. 만약 필요한 도구를 찾지 못하면 완전히 흐름이 깨질 수도 있다. 그러므로 사전에 필요한 도구를 모두 준비한 후 일을 시작하자.

또 한 가지, 일하는 과정에서 구하기 힘든 자료나 더 찾아볼 필요가 있는 정보 등이 필요할 때가 있다. 그럴 때는 필요한 준비물을 메모한 뒤 넘어간다. 메모는 나중에 다시 확인해야 한다.

예를 들어, 나의 경우에는 책을 쓸 때 행동학자들이 연구한 내용들을 인용해야 할 때가 많다. 그럴 때는 작업을 중단하는 대신 '{XYZ}'라고 입력한 뒤 다음 부분으로 넘어간다.

그러고 나서 나중에 해당 문자열을 검색해서 그에 맞는 연구 내용을 찾아본다. 이렇게 하면 중단 없이 몰입 상태에서 글쓰기를 계속할 수 있다.

몰입에도 부작용이 있을까?

> "쾌락을 추구하는 활동은 몰입하기는 쉽지만 중독
> 성이 있다. 그 과정에서 사람은 새로운 질서에 사로
> 잡히게 되고 삶의 복잡한 문제에 대처할 능력을 상
> 실한다."
>
> _미하이 칙센트미하이

많은 사람들이 몰입이 얼마나 유익한지에 대해서만 생각한
다. 물론 몰입을 잘할수록 불안감은 사라지고 창의적이고
생산적인 활동을 할 수 있게 되어 삶의 질까지 높아지는 느

낌을 받을 수도 있다. 하지만 문제는 어두운 면도 있다는 것이다. 사람들은 여기에 대해 별 관심이 없지만 생각해봐야할 문제다. 그렇지 않으면 몰입의 부작용에 시달릴 위험도 있기 때문이다.

몰입이 중독이 될 때

몰입과 중독의 연관성은 아직 완전히 밝혀지지는 않았다. 하지만 한 가지 분명한 것은 몰입이 기분을 좋게 만드는 화학물질인 도파민이 나오도록 유도한다는 것이다. 한 번 도파민을 맛보면서 희열감을 느낀 사람은 그 감각을 반복하려는 습성을 갖게 된다. 이것은 주로 위험한 습관에 길들여진 사람들에게 나타난다.

도박 중독자가 운으로 승부가 갈리는 게임에서 이겼을 때 느끼는 희열감을 생각해보자. 한 번 이 감정에 중독되면 손실이 불어나도 다시 그 감각을 느끼고 싶어서 중간에 멈추지 못한다. '아드레날린 중독자'를 생각해보자. 이들은 스카이다이빙이나 암벽 등반, 윙수트 점프 등 여러 위험한 활동

몰입은 과학이다

을 할 때 쾌락(도파민 분출)을 느낀다. 그러다가 이런 활동을 하지 않게 되면 어느새 다시 그 감각을 느끼고 싶은 충동(즉, 금단 현상)을 갖게 된다.

이런 증세는 모든 종류의 중독자들에게서 공통적으로 나타난다. 여기서 우리가 눈여겨봐야 할 점은 몰입 상태에서 많은 시간을 보내는 사람들도 이런 현상을 겪을 수 있다는 것이다. 만약 그런 경우 미리 위험한 상황을 예측하지 못하고 위험한 행동을 하게 될 수도 있다.[주23]

상황 인식 부족

몰입의 가장 일반적인 특징 가운데 하나는 눈앞의 일에 집중하는 동안 주변 세상은 희미하게 사라진다는 것이다. 심하면 옆에서 무슨 일이 일어나고 있는지도 인식하지 못하게 된다. 눈앞의 일에 모든 주의력 자원을 다 쏟아붓고 있기 때문에 상황에 대한 인식력이 떨어지는 것이다.

몰입에 빠져 있는 사람이 마치 반쯤 넋이 나간 것처럼 보이는 건 드문 일이 아니다. 이렇게 상황 인식이 부족할 경우

사소한 문제에서 심각한 문제에 이르기까지 다양한 결과가 나올 수 있다.

예를 들어 직장에서 몰입 상태로 일하고 있다고 해보자. 누군가 말을 걸어도 그 말을 알아채지 못한다. 그러면 상대방은 자신을 무시한다고 오해할 수 있다. 또 집에서 몰입 상태로 일한다고 가정해보자. 집에 혼자 있는데, 부엌에서 불이 났다. 이럴 때 상황 인식이 부족하다면 엄청난 위험을 초래할 수도 있다.

통제력을 유지하는 방법

몰입 상태에 있는 동안 통제력을 유지하기 위해서는 자기 인식과 자기 관리가 필요하다. 역설적이게도 몰입 경험이 많아질수록 이 두 가지는 더 중요해진다.

몰입 상태에 너무 익숙해지면 자신의 감정이나 행동 성향에 대한 감각을 상실한다. 그러다 보면 온갖 실수가 나올 수도 있다. 그러므로 이를 방지하기 위해서는 마음 챙김을 실천해야 한다.

몰입은 과학이다

처음에는 이 두 가지가 상반된 것처럼 보인다. 어떻게 한 가지에 몰두하면서 그와 동시에 마음 챙김을 할 수 있겠는 가. 연구에 따르면 마음 챙김은 몰두하고 있는 과정에서 할 수 있는 것은 아니지만, 깊이 몰입한 상태에서 우러나오는 통제감과는 상호 보완적인 것이라고 한다.[주24]

이 둘 사이의 연관성에 대한 연구는 아직도 진행 중이다. 좀 더 다양하고 정확한 연구 결과가 나올 때까지 기본적으로 알고 있는 마음 챙김을 훈련하면 된다. 다음은 그중 구체적으로 실행해볼 수 있는 것들이다.

- 걷기 명상
- 적극적 경청
- 마음 챙김 식사
- 좌선
- 박스 호흡(들숨을 쉰 뒤 잠시 숨을 참았다가 입으로 날숨을 내뱉는 호흡법)

몰입의 부작용을 예방하기 위해서는 위의 마음 챙김 훈련법들을 실천해보자. 시간이 허락할 때마다 내가 할 수 있는

범위 내에서 실천해보면 된다. 그렇게만 해도 위험에 빠지지 않을 수 있다.

몰입은 과학이다

◐ 몰입의 부작용을 막아주는 예방책

걷기 명상

_____

적극적 경청

_____

마음 챙김 식사

_____

좌선

_____

박스 호흡

_____

(그 외 나만의 방법을 찾아서 적어보자)

_____

_____

5부

몰입하는
몸으로
바꾸는
10가지
훈련법

몰입에 쉽게 빠져들 수 있는 조건, 즉 매일 밤 충분히 숙면을 취하고, 에너지 피크 타임에 일하고, 나에게 맞게 난도를 조절하는 것은 정말 중요하다. 무엇보다 나를 둘러싼 환경에 방해물을 제거해야 한다. 하지만 환경이나 조건에 상관없이 몰입에 들어가고 싶다면 그렇게 할 수 있는 능력을 연마해야 한다.

운동선수가 경기에 들어가기 전에 몸을 만드는 것처럼 언제든 원하는 순간 몰입에 들어갈 수 있도록 나 자신을 단련해보자. 이 장에서는 그 훈련법에 대해 이야기해보겠다. 이 훈련법을 건너뛰고 싶은 사람도 많을 것이다. 하지만 일부러 마음을 다잡으면서 훈련해두지 않으면 몸과 마음은 자연스럽게 쓸데없는 몽상과 멀티태스킹, 신세 한탄이나 걱정으로 흘러가는 경향이 있다.

그러므로 다음 훈련법들을 의식적으로 기억하고 실행해보자. 많은 도움이 될 것이다. 그렇다면 자, 이제 시작해보자.

훈련법 1 :
소설이 아닌 장문의 글을
천천히 읽는다

요즘 독서는 잃어버린 예술이다. 1년에 책을 단 한 권도 읽지 않는 사람이 충격적으로 많다.[주25] 또 많은 사람들이 온라인으로 기사를 읽지만 끝까지 읽지는 않는다고 한다.[주26] 2013년 〈슬레이트〉에 발표된 조사 결과에 따르면 웹사이트 기사에 접속한 독자들 중 불과 5퍼센트만이 글을 끝까지 읽는다고 한다. 오래전 자료지만 이 추세는 오늘날까지 계속 이어지고 있는 게 현실이다.

모바일 시대를 사는 사람들은 글을 자세히 읽는 게 아니라 훑어보는 경향이 있다. 눈으로 문단을 가로질러 내려가면서 흥미를 *끄*는 문구에만 집중한다. 자신이 원하던 것을 발견할 때만 속도를 늦춘다. 인터넷 세상은 이런 경향을 가속화한다.

날마다 쏟아지는 콘텐츠의 양은 해마다 기하급수적으로 늘어나기만 하고 사람들은 더더욱 자신이 필요한 정보만 보고 나머지는 대충 훑고 지나간다. 그러므로 이를 역행하는 활동을 일부러 연습하는 것이 필요하다. 비소설 형태의 긴 글을 진득하게 음미하면서 읽어보는 것이다. 속도를 늦추고 천천히 읽어야 한다. 기사 전체를 대충 훑어보며 이 글, 저 글 떠돌아다니는 게 아니라 현재 눈앞에 있는 글을 긴 호흡으로 읽고 마음속에 흡수하는 훈련법을 해보자. 자꾸 이런 연습을 하다 보면 긴 글을 즐기는 나 자신을 발견하게 될지도 모른다.

LET'S DO IT

먼저 긴 글을 제공하는 사이트 중 나에게 맞는 곳이 어디인지 잘 찾아본다.

둘째, 내가 관심 있는 기사를 선택한다. 기사는 길수록 좋다. 가능하면 사진 자료 없이 텍스트만으로 이루어진 글을 고른다.

셋째, 기사를 읽을 만한 조용한 장소를 찾는다. 재택근무를 하는 방이나 가까운 공원도 좋고, 인적이 드문 주차장에 차를 세운 채 읽어도 괜찮다(자동차 안은 내가 가장 좋아하는 독서 공간 중 하나다. 이 공간은 놀랍도록 평화로운 곳이다. 하지만 반드시 안전한 장소여야 한다. 예를 들어 많은 사람들이 드나드는 쇼핑몰 주차장 같은 곳이 좋다).

넷째, 타이머를 설정한다. 긴 호흡의 글을 읽는 데 익숙하지 않다면, 집중하는 게 생각보다 어려울 수 있다. 먼저 타이머를 10분으로 설정하고 글을 읽기 시작한다. 이 시간 동안 만큼은 현재 집중하고 있는 글에만 신경을 모은다. 집중력이 향상되면 타이머 설정을 더욱 길게 늘린다.

마지막 다섯째는 가장 중요한 단계다. 바로 지금 내가 읽고 있는 모든 단어, 모든 문장, 모든 문단 하나하나에 집중하면서 온몸으로 흡수하면서 읽는 것이다. 그러면 그 기사가 어떤 주장을 지지하고 또 어떤 주장을 반대하는지를 제대로 이해할 수 있다.

소요 시간 : 기사를 선택해서 읽기를 완료하는 데까지 15분

몰입은 과학이다

훈련법 2 :
문제가 생겼을 때
창의력을 발휘하여
브레인스토밍해본다

사람들은 익숙한 문제에 부딪히면 대개 과거에 써먹었던 방법을 다시 쓰려고 한다.

퇴근길에 차가 막히면 과거에 이용했던 다른 길을 선택한다. 저녁에 뭘 먹을지 정하지 못했다면 평소 즐겨 찾던 식당에서 익숙한 음식을 테이크아웃한다. 이런 방법은 꽤 실용적이다. 시간을 절약할 수 있고 정신 에너지도 아낄 수 있으며, 해결책을 받아들이기도 쉽다.

그렇다면 익숙하지 않은 문제에 부딪혔을 때는 어떻게 해야 할까? 이때에도 마찬가지로 대처해보자. 바로 과거에 써먹었던 방법을 이용해보는 것이다. 일단 문제가 발생했을 때 한번 생각해본다. 예전에 써먹었던 방법을 지금 이 일에 적용할 수 있을까 하고 말이다. 만약 그렇다는 생각이 든다면 바로 시도해본다. 그리고 그게 아니라면 내가 갖고 있는 창의력과 전문성, 통찰력을 총동원하여 어떤 해결책이 있을지 브레인스토밍해본다.

이때 창의력을 발휘하는 과정에서 자연스럽게 몰입을 경험하게 된다. 앞서 여러 번 강조했지만 창의력과 몰입은 공생 관계다. 미하이 칙센트미하이 역시 '몰입은 일상의 루틴에서 벗어나 다른 현실로 들어가는 감각이다'라고 서술한바 있다. 확실히 우리는 몰입 상태에 빠져들었을 때 더욱 창의적인 인간이 된다. 한 연구 자료에 따르면 정해진 틀 밖에서 사고할 때 더 쉽게 몰입 상태로 들어갈 수 있다고 한다. 주27

원래 사람들은 일상생활을 패턴으로 인식한다. 그리고 이 패턴을 기준으로 여러 가지 일을 조율하는 경향이 있다. 하지만 우리가 새로운 아이디어를 브레인스토밍해서 그 패턴에 적용할 때, 비로소 몰입을 경험하게 된다. 그러면 집중력

몰입은 과학이다

은 더 날카로워지고, 몰두하는 깊이가 달라진다. 자의식은 저 멀리 뒤편으로 사라진다. 이 흐름에 몸을 맡기면 일부러 노력하지 않아도 저절로 문제에 몰입하게 된다. 그러므로 평소에 창의력이라는 근육을 키우는 습관을 들여보자.

LET'S DO IT

첫째, 현재 고민 중인 문제를 떠올려본다. 만약 특별히 문제가 없다면 과거에 겪었던 일을 생각해봐도 좋다. 큰 문제나 작은 문제, 중대한 문제나 사소한 문제, 뭐든 상관없다.

둘째, 이 문제를 해결하기 위해 생각해볼 수 있는 다른 모든 해결책을 적어본다. 이때 자기검열은 하지 않는다. 아무리 엉뚱하거나 비현실적인 것일지라도 그냥 적어본다. 나 외에는 아무도 이 목록을 볼 수 없다고 생각하면 그만이다. 연습을 하고 나서 목록을 파기하면 된다. 예를 들어 틈만 나면 찾아와서 몰입을 방해하는 회사 동료가 문제라고 생각한다면 다음과 같은 해결책을 떠올려볼 수 있을 것이다.

- '방해 금지'라고 적은 메모지를 잘 보이는 곳에 붙여놓는다.

- 베스(말 많은 회사 동료)에게 현재 내가 할 일이 너무 쌓여서 집중해야 한다고 말해둔다.

- 베스에게 일을 더 많이 줘야 한다고 상사에게 보고한다.

- 베스가 나에게 말을 걸 때 옆에 와서 방해해달라고 다른 동료에게 부탁한다.

- 베스가 수다를 떨러 올 때마다 할 일을 준다.

- 베스가 말을 걸 때 업무상 통화 중인 척한다.

- 베스가 말하려고 할 때마다 선수 친다(베스는 나에게 말을 거는 게 재미없어져서 더 이상 옆에 오지 않을 것이다).

- 베스와 반대로 행동한다. 그녀가 불평하면 나는 즐거워하고 그녀가 즐거워하면 나는 비관적이고 냉소적으로 반응한다.

- 베스가 짜증 낼 만한 농담을 한다.

- 베스가 말을 걸 때마다 "나는 네가 무슨 말을 하는지 모르겠어"라고 말한다.

물론 이 해결책 중 어떤 것은 비현실적이고 자칫 잘못하면 문제를 더 크게 만들 수도 있다. 여기서 중요한 건 문제를 해결하는 것 자체가 아니라 창의력을 키우는 거라고 생각해

몰입은 과학이다

보자. 그렇게 생각하면서 생각나는 대로 적어보면 묘한 흥미를 느꼈을 것이다. 그렇지 않은가?

소요 시간 : 10분

훈련법 3 :
호흡만 잘해도 에너지가 모인다

대부분의 사람들은 숨 쉬는 것을 당연하게 여긴다. 나 역시 몇 년 전까지는 그랬다. 그 당시 나는 회사 생활을 하면서 극심한 스트레스를 받았고 매일 압박감에 시달렸다. 너무 힘들다는 생각이 들 때 나는 눈을 감고 오로지 숨을 들이마시고 내쉬는 데만 집중했다. 깊이 들이마시고 차분히 내쉬는 동작을 계속 반복했다. 이런 행동은 그저 자연스럽게 우러나오는 것이었고 별다른 의도가 있는 건 아니었다. 단지 압박감에서 벗어나고 싶었기 때문에 직관적으로 나온 행동이었다. 그런데 알고 보니 바로 이 단순한 호흡 루틴은 그 당시

몰입은 과학이다

나에게 가장 필요한 것이었다. 이렇게 깊은 호흡을 하고 나면 1분도 채 지나지 않아 마음이 편안해졌고 다시 일에 집중할 수 있게 되었다. 물론 그렇다고 해서 스트레스를 주는 환경이 바뀐 건 아니었다. 하지만 호흡을 하고 나면 곤두섰던 신경이 가라앉고 마음이 차분해지면서 눈앞의 상황에 대면하는 에너지가 생겼다. 단순한 루틴으로 세상이 완전히 달라 보였던 것이다.

그때 그 순간 나는 호흡 루틴이 얼마나 귀중한 것인지를 깨달았던 것 같다. 물론 누군가에게는 이 깨달음이 우습게 들릴지도 모른다. 숨을 쉰다는 건 너무나 당연한 것이고 날마다 하고 있는 일이기 때문이다. 하지만 '의도적인' 호흡 루틴은 그냥 '숨을 쉰다'는 행위와는 완전히 다른 것이다. 호흡만 제대로 해도 우리는 그 어떤 것에서도 얻을 수 없는 귀한 보상을 얻게 된다. 이것은 수많은 학자들이 연구한 결과 밝혀진 사실이기도 하다.주28 주29 주30 주31

심호흡을 하게 되면 스트레스가 줄어들고 회복 탄력성이 좋아진다는 사실에 주목해보자. 감정을 조절하는 힘이 생기고 집중력과 자기 인식이 강화된다는 것도 기억하자. 호흡을 루틴으로 만들어서 틈날 때마다 실행하면 몰입하는 데에 더욱더 쉽게 에너지를 모을 수 있을 것이다.

LET'S DO IT

자, 이제 호흡 루틴을 연습해보자. 시간은 몇 분밖에 걸리지 않으며 이 연습은 언제 어디서든 실행해볼 수 있다. 시작하기 전에 평소처럼 숨을 쉬어보자. 대부분의 사람들은 비교적 얕은 호흡을 하고 있을 것이다. 그럼 이제 깊은 호흡을 연습해보자. 우선 눈을 감고 천천히 코를 통해 공기가 아랫배를 가득 채울 만큼 숨을 들이마신다(이를 횡경막 호흡이라고 한다). 차이가 느껴지는가? 이 과정에서 1부터 5까지 숫자를 센다. 다 찰 때까지 숨을 들이마셨다면 그대로 멈춘 다음 다시 5까지 센다. 그러고 나서 이제 입으로 천천히 숨을 뱉어내면서 다시 5까지 세면 된다. 이 과정을 다섯 번 반복한다.

다 끝났다면 이제 눈을 떠보자. 어떤가? 확실히 좀 더 편안한 느낌이 들지 않는가? 호흡법에만 신경을 써도 마음이 느긋해지고 집중도 더 잘 되며 자각 능력도 좋아졌을 것이다. 처음에는 알아차리기 힘들지만, 당신은 지금 어려운 상

몰입은 과학이다

황이 닥쳤을 때 감정을 관리하는 중요한 능력을 연마하고 있다. 이 능력을 잘 갈고닦으면, 앞으로 문제가 생겨도 압박감에 흔들리지 않고 하던 일에 집중할 수 있을 것이다. 이 호흡 루틴을 매일 습관적으로 몇 번씩 연습해보자.

소요 시간 : 5분

훈련법 4 :
10분 동안 걸으면서 명상한다

많은 사람들이 명상을 호흡 요법이라고 오해한다. 특히 명상에 익숙하지 않은 사람들이 그렇다. 그런데 이 두 가지는 약간 다르다.

호흡 요법은 호흡을 통해 흘러들어온 산소를 온몸에 공급하면서 몸과 마음을 건강하게 만드는 것이다. 바로 앞에서 이야기했듯이 몸이 이완되고 집중력이 좋아진다. 그에 비해 명상은 인지 능력이 향상되는 측면이 강하다. 명상을 하고 나면 자기감정을 제대로 이해하게 되면서 마음이 편안해지고 집중력이 좋아지며 수면의 질까지 개선된다. 명상에 대한 논문은 수도 없이 많은데 장기간 명상을 지속적으로 한 사람들의 경우 노년에 인지 기능이 저하되는 현상이 훨씬 덜하다는 연구 결과도 있다.[주32]

그러므로 명상은 호흡 요법의 대체제가 아니다. 이 둘은 상호 보완적이고, 각각 모두 순기능을 한다. 그런데도 많은 사람들은 명상이 호흡 요법 중 가장 전형적인 형태라고 착각한다. 또 '명상'이라는 단어를 떠올리면 누군가 방석에 조용히 가부좌를 틀고 앉아 눈을 감은 채 두 손을 맞대고 있는 이미지를 떠올린다. 그러나 이것은 명상의 여러 종류 중 하나일 뿐이다. 실제로 명상에는 여러 종류가 있다(몇 가지만 예를 들면 초월 명상, 시각화 명상, 유도 명상, 위파사나 명상 등등 다양하다). 그중에는 신체 활동 같은 뭔가 다른 활동과 동시에 하는 것도 있다. 여기서는 그중 걷기 명상을 실천해보자.

LET'S DO IT

걷기 명상의 훌륭한 점 가운데 하나는 몸을 움직일 기회가 있다는 것이다. 인지 능력을 높이면서 운동까지 할 수 있으니 일석이조다. 솔직히 말해 짧은 시간 여유롭게 걷는 것을 누가 싫어하겠는가.

자, 이제 편한 옷을 입어보자. 밖에 나갈 거라면 신발도 편한 것으로 신는다(원한다면 걷기 명상을 실내에서 할 수도 있다). 우선 걷기 전에 가만히 서서 심호흡을 몇 차례 한다. 이때 내 몸에 주의를 기울인다. 발과 다리의 느낌이 어떤지, 배와 가슴, 팔, 목을 통해 어떤 느낌이 드는지에만 집중해본다. 주변에서 무슨 일이 일어나든 신경 쓰지 않고, 내 몸에 온 신경을 모으는 것이다. 이렇게 마음의 준비가 되었다면 이제 천천히 걷기 시작한다. 한 걸음, 한 걸음에 집중해서 걷는다. 이때도 걸음을 옮길 때마다 다리에서 느껴지는 감각에 주목한다. 걸음에 맞춰 앞뒤로 흔들리는 팔의 감각도 느껴본다. 호흡과 걸음걸이, 자세에 집중해본다. 내 몸이 유연하게 느껴지는가? 아니면 뻣뻣하게 느껴지는가?

내 몸을 충분히 느끼면서 걸었다면 이제 인식을 확장해본다. 지나가는 자동차, 나무와 건축물, 소리와 냄새 등에 주의를 돌려본다. 거리를 스쳐 지나가는 사람들을 관찰해본다.

방금 지나간 차의 모델명은 무엇인가? 늘 보던 저 건물은 몇 층짜리였나? 방금 내 옆을 지나쳐 간 저 사람은 어떤 옷을 입었는가? 이렇게 평소에 신경 쓰지 않았던 작고 세세한 것들에 주의를 집중해본다.

억지로 지속할 필요는 없다. 멈추고 싶을 때는 언제든지 멈춰도 된다. 걷기 명상에는 두 가지 이점이 있다. 첫째, 나의 평범한 일상에서 집중을 방해하는 잡다한 요소를 몸으로부터 분리하는 힘을 기를 수 있다. 둘째, 한 가지에 집중하는 훈련을 할 수 있다. 집중을 잘할수록 몰입에 들어가는 것도 쉬워진다. 특별히 시간을 내서 하기보다는 일상생활 속에서 습관적으로 실천하면 더욱 효과적이다.

소요 시간 : 최소한 10분 이상

훈련법 5 :
적극적인 경청을 연습한다

누군가의 말을 듣는 동안 머릿속은 다른 곳을 배회했던 적이 있는가? 이를테면 이번 달에 새로 시작한 프로젝트, 빨리 처리해야 할 공과금, 오늘 점심 메뉴 같은 것들이 머릿속에 맴돌았던 때 말이다. 사실 많은 사람들이 그렇다. 상대방과 대화하는 과정에서 고개를 끄덕이면서도 머릿속으로는 딴 생각을 한다.

그러나 어떤 경우에는 제대로 듣지 못했다는 이유만으로 생각지도 못한 일을 겪기도 한다. 주변 사람들에게 오해와 불신을 불러일으켜서 관계가 파탄 나거나 상처받을 만한 사

몰입은 과학이다

건이 일어나는 것이다. 상대방의 말에 제대로 귀 기울이지 않으면 신뢰감과 친밀감이 추락하는 것은 시간문제다. 또 비즈니스상 오간 대화라면 중요한 정보를 놓치고 값비싼 대가를 치르는 결과를 초래할 수도 있다.

또 한 가지 듣기를 잘하지 못했을 때 일어나는 일은 집중력이 점차 떨어진다는 것이다. 다른 사람의 말을 듣는 동안 머릿속으로 다른 생각이 떠돌도록 내버려두는 것(즉, 가식적 듣기)은 주의력 분산 요인에 자기 자신을 방치하는 것과 똑같다. 몰입하기 힘든 습관으로 스스로를 내모는 격이다. 이런 습관에 익숙해지면 몰입에 들어가도 오래가지 못한다. 너무 쉽게 산만해지도록 스스로를 훈련했기 때문이다.

어떤 상황에서도 내가 원할 때 몰입에 들어가는 능력을 키우기 위해서는 흘려듣는 습관을 반드시 고쳐야 한다. 그러므로 여기서는 듣는 훈련을 함께해보자. 이것도 반복적으로 연습할수록 근육이 늘어나는 것처럼 단련할 수 있다.

LET'S DO IT

적극적인 경청을 연습하기 위해 바로 다른 사람들과 대화를 시도하고 싶은 마음이 들 것이다. 또 대부분의 전문가들이 그렇게 하라고 권하기도 한다. 하지만 나는 동의하지 않는다. 여기서 중요한 건 대화 자체라기보다는 인간관계를 대하는 나의 태도다. 상대방의 의견을 존중하고 세심한 주의를 기울이는 태도가 몸에 붙기 전에 섣불리 타인을 훈련 대상으로 삼는 건 바람직하지 않다.

그러므로 우선은 팟캐스트나 TED 강의를 선택한다. 가능하면 나의 관심사가 아닌 주제의 강의를 고르는 게 좋다(관심 있는 주제의 이야기를 듣는 건 너무 쉬운 일이다. 적극적인 경청을 몸에 익히기 위해서는 내가 듣기에 쉽지 않은 주제를 선택할 필요가 있다).

어떤 강의를 들을지 정했다면 펜과 종이를 앞에 놓고, 60초 타이머를 설정한다. 타이머를 누른 뒤 선택한 강의를 재생한다. 화자의 말을 주의 깊게 들으면서 핵심 메시지에 집중한다. 타이머가 꺼지면 재생을 멈추고 방금 들은 내용을 모두 적어본다. 화자가 예시를 들어 설명했다면 그것을 기록해

몰입은 과학이다

보고 조언을 건넸다면 그 내용을 구체적으로 적어본다.

60초 동안 들은 내용이 모두 기억날 때까지 이 과정을 반복한다. 그런 다음 타이머를 2분, 3분으로 점차 늘려나간다. 만약 타이머를 10분으로 설정한 이후에도 들은 내용이 전부 기억난다면 그때는 실제 사람들을 상대로 연습해도 좋다. 그때는 듣기뿐 아니라 나의 관심사를 말로 표현하고 상대의 말을 알아듣기 위해 다시 질문하고, 상대의 말과 생각을 나의 언어로 요약해보는 과정을 함께 연습해야 한다.

여기서는 우선 TED 강의를 연습 삼아 들어보자. 바로 연습할 수 있고 프라이버시가 보장된다는 장점까지 있다.

소요 시간 : 10분

훈련법 6 :
마음챙김을 훈련한다

마음챙김과 몰입의 관계는 복잡하다. 얼핏 보면 이 둘은 서로 상충하는 것처럼 보인다. 마음챙김은 세상을 받아들이는 전반적인 감각이 열리도록 이끈다. 그 반면에 몰입은 특정한 작업에만 주의를 집중하게 하고 그 외의 것에는 무감각하게 만든다. 이렇게 생각하면 마음챙김과 몰입은 양립할 수 없을 것 같다. 어떻게 전반적인 감각이 열리면서 그와 동시에 무감각해질 수 있겠는가.

학자들의 연구에 따르면 마음챙김은 몰입이 갖고 있는 특징을 살리기도 하고 죽이기도 한다고 한다. 2015년, 세 건의

몰입은 과학이다

연구를 검토한 결과, 마음챙김은 특성 몰입(trait flow)을 증가시킨다는 것이 밝혀졌다. 여기서 말하는 특성 몰입이란 몰두하지 않으면서도 해당 일에 집중하는 능력을 말한다.[주33] 2016년, 사이클 선수들을 대상으로 한 연구 결과에 따르면 불안한 마음과 부정적인 생각을 없애기 위해 마음챙김을 훈련한 결과 몰입을 경험하게 되었다고 한다.[주34] 또 2021년에 진행한 연구에서는 마음챙김이 실제로 몰입에 큰 도움이 된다는 것을 밝혀내기도 했다. 두 가지 다 '지금 이 순간'에 집중하게 만드는 특징이 있기 때문에 이는 어쩌면 당연한 결과일지도 모르겠다.[주35]

그러나 마음챙김이 몰입에 미치는 영향이 어느 정도인지에 대해서는 아직 확실하게 밝혀졌다고 말하기는 쉽지 않다. 다만 지금까지 밝혀진 연구 결과를 통해 이 두 가지가 서로 연결되어 있고 긍정적인 연관성이 있다고 추측할 뿐이다. 그러므로 언제든 몰입에 들어갈 수 있도록 평소에 마음챙김을 훈련해보자.

LET'S DO IT

여기서 함께 해볼 마음챙김은 '오감 느껴보기'다. 내가 고안한 훈련법은 아니지만, 그게 누구든 이걸 생각해낸 사람은 훈장이라도 받아야 한다. 이 훈련법은 언제 어디서나 마음만 먹으면 간단하게 할 수 있고 무엇보다 재미있다. 하고 나면 몸과 마음이 편안해질 것이다. 나의 경우에는 동네 공원에서 하는 걸 좋아하지만 경우에 따라 집 혹은 사무실, 아니면 출근길이나 퇴근길에 해도 상관없다.

방법은 다음과 같다. 먼저 눈앞에 '보이는' 것에 주의를 집중해본다. 사람들이나 자동차, 건물, 나무들까지(공원에 있다면 다람쥐도) 전부 포함해서 내 앞에 있는 사물을 관찰하는 것이다. 평소라면 그냥 지나쳐버렸을 작고 세세한 사물들에까지 눈길을 보내본다. 내 앞을 지나가는 사람이 어떤 옷을 입고 있는지 방금 지나간 차는 어떤 브랜드인지 관찰한다.

두 번째는 '느낄 수 있는' 것들에 주목한다. 만약 내가 벤치에 앉아 있다면, 딱딱한 바닥에서 느껴지는 감각에 주목한다. 바람이 분다면, 그것이 피부를 스칠 때 어떤 느낌이 드는지에 집중한다. 또 걷고 있다면 바지가 내 다리를 스칠 때

몰입은 과학이다

느껴지는 감각에 집중하면 된다.

세 번째는 '들리는' 것들에 주목한다. 공원에 앉아 있다면 근처에서 아이들이 뛰어노는 소리에 귀를 기울여본다. 사무실에서 일하는 중이라면 옆자리 동료가 통화하는 소리, 프린터기 돌아가는 소리, 스테이플러 찍는 소리가 들릴 것이다. 집이라면 냉장고에서 웅웅거리는 소리가 들릴지도 모른다. 그 어떤 소리에도 귀를 열고 감각을 집중해본다.

네 번째는 '냄새'에 주목해본다. 점심시간이 다 된 시간에 산책을 나갔다면, 근처 음식점에서 새어 나오는 냄새에 감각을 모아보자. 집에서 샤워를 할 때는 샴푸 냄새, 비누 냄새에 집중해보자. 공원에서 산책을 한다면 나무나 땅에서 올라오는 냄새를 주의 깊게 맡아보자.

마지막으로 '혀로 느낄 수 있는 감각'에 주목해본다. 나의 경우에는 눈을 감고 느끼는 걸 좋아한다. 훨씬 더 온전히 느낄 수 있기 때문이다. 음식을 먹고 있든 껌을 씹고 있든 음료수를 마시든 그 풍미에 나의 모든 감각을 모아 집중하는 것이다.

숨을 들이마시고 내쉴 때도 호흡하는 데만 온 감각을 집중해서 해보는 것이 중요하다.

이렇게 오감을 느끼는 데 감각을 집중하는 훈련법은 나의 의식을 지금 이 순간에 머물게 하는 데 큰 도움이 된다. 시간이 없거나 사적인 생활을 보장받기 힘든 상황에서도 '오감 느껴보기'를 통해 마음챙김을 훈련할 수 있다.

소요 시간 : 5분

몰입은 과학이다

훈련법 7 :
내 몸의 움직임에 신경을
집중한다

일상생활에서 우리는 근육 기억에 크게 의존하고 있다. 굳이 뭔가를 의도하지 않더라도 저절로 몸이 기억하는 대로 기능을 수행한다. 뇌과학자들이 이미 밝힌 바에 따르면 우리가 어떤 행동을 반복할 때 뇌에는 그에 대한 신경 회로가 생성된다. 물론 그 행동을 자주 하면 할수록 이 회로는 점점 더 강화된다. 이 말은 굳이 노력하지 않아도 이 신경 회로가 있다면 자동 조절 장치처럼 알아서 움직인다는 뜻이다.

자전거를 맨 처음 탔을 때를 떠올려보자. 처음에는 중심을 잡지 못해 비틀거리기도 하고 넘어지기도 했을 것이다.

하지만 연습을 반복하면서 점점 익숙해졌을 것이다. 안장에 올라타고, 손잡이를 잡고, 페달을 밟는 과정을 수없이 반복할 때마다 이에 대한 뇌의 신경 회로가 강화된 것이다. 그 결과 자동 조절 장치처럼 근육 기억에만 의존해도 능숙하게 자전거를 탈 수 있는 몸으로 바뀐 것이다. '자전거를 어떻게 타는 거지?'라는 고민을 별로 하지 않아도 몸에 있는 근육 기억이 알아서 작동한 결과다.

여기서 중요한 것은 이렇게 생성된 신경 회로가 몰입에 지대한 영향을 미친다는 것이다. 만약 이 신경 회로만 제대로 구비된다면 그 이후에 몰입에 대한 것은 걱정할 필요가 없다. 더 이상 생각하거나 계획하지 않아도 내 몸이 알아서 그 일에 푹 빠지도록 설계되어 있기 때문이다.

물론 여기서도 난점이 하나 있다. 그 과정에서 실수를 반복하거나 잘못된 방식으로 신경 회로가 뻗어나가는 경우가 있다는 것이다. 이럴 경우에는 오히려 몰입을 방해할 수 있다는 것을 알아둘 필요가 있다.

몰입은 과학이다

LET'S DO IT

이번 훈련법은 바로 앞에서 연습했던 '오감 느껴보기' 훈련법과 비슷하다. 다만 시각, 촉각, 청각, 후각, 미각 등 각각의 감각에 집중하는 게 아니라 지금 내가 하고 있는 신체 활동에 신경을 모으면 된다.

먼저 어떤 활동을 할지 한 가지를 선택한다. 특정한 스포츠도 좋고, 취미 활동이나 일과 관련된 활동도 괜찮다. 무엇으로 할지 정했다면 이제 그 활동을 하는 동안, 나의 모든 행동에 주의를 기울여본다. 이때 스스로 판단해본다.

- '지금 나의 몸은 자동 조절 장치에 의해 움직이는가?'
- '이 활동을 하는 동안 내 몸에 내재된 근육 기억이 활성화되고 있는가?'

만약 이 질문에 'NO'라는 생각이 든다면 일단 활동을 멈춘다. 이때는 뇌에 신경 회로망을 다시 만들고 근육 기억을 쌓는 과정을 반복해야 한다.

예를 들어 내가 농구를 하고 있다고 가정해보자. 이때 공을 어떻게 들고 있는지, 다른 팀원에게 공을 패스할 때 어떤 방식으로 하는지, 슈팅할 때 자세는 어떤지 등등을 다시 점검해야 한다는 말이다. 만약 잘못된 자세와 방식으로 그 신체 활동을 하고 있다면 나의 행동 하나하나에서 자신감이 떨어지기 때문에 내재된 근육 기억을 이용해서 자유롭게 움직이는 것이 불가능하다. 몰입하는 것 자체가 힘들어지는 것은 당연한 수순이다. 그러므로 몸을 이용하는 활동에서는 잘못된 습관이 없는지 교정하는 것이 중요하다. 그래야 몰입하는 능력을 키울 수 있다.

소요 시간 : 15분

몰입은 과학이다

훈련법 8 :
1시간 동안 디지털 기기를 멀리한다

인터넷은 매우 편리한 도구다. 사람들은 연구나 교육뿐 아니라 파일 관리 등을 위해 인터넷을 사용한다. 최근에는 쇼핑이나 여행 계획, 온갖 대금을 결제하는 일도 온라인을 통해서 하고 멀리 사는 가족이나 친구들과도 이를 통해 의사소통한다.

특히 휴대폰은 이미 우리의 몸과 구분할 수 없을 정도로 기능이 방대해졌다. 우리는 손끝 하나로 수많은 기능을 발휘하는 앱들을 이용할 수 있다. 이것들은 우리의 시간을 절약해주고, 업무 생산성을 높여주며 좋은 습관을 들일 수 있도록 동기를 부여해주기도 한다.

하지만 이런 도구들은 양날의 검이다. 모든 것이 그렇듯 실용적인 측면이 있는 만큼 무서운 부작용도 낳는다.

예를 들어 학자들은 인터넷이 뇌 기능에 악영향을 미쳐 주의력 지속 시간을 단축시키고 기억 처리 과정을 손상시킬 수 있다고 문제 제기한 바 있다.[36]

또 온라인에서 너무 많은 시간을 보내면 인터넷 중독에 이를 수 있으며[37] 휴대폰 역시 과다하게 사용하면 중독될 수 있다는 것도 증명되었다.[38] [39] 이렇게 중독이 되면 불안감과 사회적 고립, 우울증, 심지어는 편집증으로까지 이어지는 경우도 있는 것이 현실이다.[40]

오늘날 이러한 디지털 중독 증세는 몰입을 방해하는 가장 심각한 골칫거리들이다.

물론 그렇다고 해서 디지털에 기반한 삶을 버릴 수도 없고 또 버려서도 안 된다. 다만 적절하게 사용하는 법만 익히면 될 것이다. 그 일환으로 여기서는 디지털 디톡스 훈련법을 실행해보자.

몰입은 과학이다

LET'S DO IT

이번 훈련법은 다른 어떤 것보다도 간단하다. 어쩌면 이 책에 나오는 훈련법 중 가장 재미있다고 느낄지도 모른다. 자, 이제 60분 동안 디지털 디톡스를 실천해보자.

시작하기 전에 먼저 일정을 검토한다. 컴퓨터와 휴대폰, 그 외 장치들을 한 시간 동안 사용하지 않아도 괜찮은 시간대를 고른다. 급하게 처리해야 할 일이 있을 때나 업무상 꼭 필요한 일이 있을 때와 겹치지 않도록 조절한다.

충분히 생각하고 시간대를 정했다면 휴대폰 전원을 끈다. 사용하고 싶은 유혹이 생기지 않도록 보이지 않는 곳에 둔다. 그러고 나서 컴퓨터 역시 끈다. 인터넷을 하지 않는 것만으로는 부족하다. 컴퓨터 모니터를 보는 행동 자체를 하면 안 된다는 말이다. 둘 다 실행에 옮겼다면 이제 TV도 끈다. 또한 이때 운전을 하면 안 된다. 자동차가 오래된 모델이 아닌 이상, 차에 타면 아마도 오락 시스템과 계기판에 불을 밝히는 다양한 센서 등 온갖 전자 장비들이 유혹의 손길을 보낼 것이기 때문이다.

이제 디지털 기기와 관련 없는 일을 하며 한 시간을 보낸

다. 이를테면 일기 쓰기, 독서, 산책, 집 청소, 세차, 정원 손
질 등이 있을 것이다.

　이런 활동을 하며 시간을 즐기자. 마음이 훨씬 편안해지
고 집중도가 높아지며 자신감과 창의력이 올라가는 느낌이
따라올 것이다.

소요 시간 : 60분

　　　　　　　　　　　　　　몰입은 과학이다

훈련법 9 :
나 자신에게 질문한다

아무리 노력해도 몰입이 잘 되지 않을 때가 있다. 분명 내가 원하는 일을 하고 있는데, 목표를 달성하고 싶은 마음은 진심인데 몰입이 잘 되지 않는 이유는 뭘까?

어떤 경우에는 나 스스로도 자각하지 못한 이유가 마음속 깊은 곳에 은밀하게 똬리를 틀고 있는 경우도 있다. 이런 경우에는 내 의지에 반하는 행동을 나도 모르게 하기도 한다.

나의 이야기를 예로 들어보겠다. 앞에서도 말했지만 나는 어릴 때 수영 선수였다. 그 시절 나는 수영을 사랑했고, 그 누구보다 열정적으로 활동했다. 그런데 시간이 흐르고 나이가 들어가면서 나에게는 수영보다 더 중요한 것들이 점점 늘어나기 시작했다. 어느 순간 나는 수영에 몰입하는 게 힘겨워졌다. 하지만 그 당시에는 왜 그런지 이유조차 자각하지 못했다.

한때 사랑했지만 더 이상 사랑하지 않는 일을 해야만 하는 굴레. 나는 이 굴레에 갇혀 몇 년을 보내야 했던 것이다. 그 과정에서 꾸준히 나의 성적은 떨어졌고 좌절감은 깊어졌다. 그러다가 마침내, 나는 깨닫게 되었다. 내가 수영을 더 이상 사랑하지 않는다는 사실을, 이제는 수영에 대해서 심드렁한 태도를 보이고 있다는 사실을 말이다. 나의 뇌는 수영을 사랑했던 과거에 너무 익숙해져 있었기에, 현재에도 수영을 사랑해야 한다고 강박적으로 생각하고 있었을 뿐이다.

그 사실을 깨달은 이후 나는 수영을 그만두었고, 그러자마자 기분이 좋아졌다. 그 당시 나는 기타도 배우고 있었는데 이것에도 몰입하기가 쉽지 않았다. 그런데 알고 보니 그 이유는 나의 감정 자원과 주의력 자원이 분산되었기 때문이었다. 수영을 그만두고 기타 연주에 에너지를 집중하자 훨씬 더 쉽게 몰입할 수 있다는 걸 알 수 있었다.

몰입은 과학이다

이렇게 몰입을 방해하는 요소를 내 안에서 찾아내기란 쉽지 않다. 여기서는 그 원인을 찾기 위해 나 자신에게 질문하는 연습을 해보자.

LET'S DO IT

배관 시설에 빗대어 말하자면, 이 훈련법은 내 마음의 배관에 막혀 있는 부분을 뚫어주는 역할을 할 것이다.

나 자신에게 질문하는 과정에서 자기를 성찰하는 기회를 얻게 되고 궁극적으로는 몰입을 방해하는 인지적, 감정적 폐기물들을 씻어 내려가도록 해줄 것이다. 자, 이제 다음 세 가지 질문에 솔직하게 답해보자.

1. 왜 이 활동이 나에게 중요한가?
2. 이 활동을 함으로써 내가 이루고 싶은 것은 무엇인가?
3. 목표를 이룬다면 나는 어떤 기분이 들까?

물론 수십 가지 질문이 더 있을 수 있지만 이 세 가지 질문이 문제의 핵심이다.

이 질문에 답하는 과정에서 내가 여태껏 중요하다고 생각했던 무언가가 더 이상 중요하지 않다는 (또는 한 번도 중요한 적이 없었다는) 걸 깨닫게 될지도 모른다. 진심으로 어떤 일에 열중했지만, 왜 그랬는지 그 목적이 명확하지 않다는 걸 깨닫게 될 수도 있다. 또 목표를 이루었지만 기대했던 것만큼 만족스럽지 않다는 걸 알게 될 수도 있다.

궁극적으로 이 질문들은 내가 진짜 하고 싶은 것이 뭔지, 내가 가야 할 방향이 어느 쪽인지 제대로 결정할 수 있도록 도와줄 것이다.

소요 시간 : 15분

몰입은 과학이다

훈련법 10 :
기사를 읽고 요약해본다

앞에서 나는 독서가 잃어버린 예술이라고 말했다. 이 말은 사실이지만 표현이 부정확하다. 더 정확하게 말하자면 좀처럼 '주의 깊게' 책을 읽지 않는다는 말이다. 사람들은 글을 대충 훑어보고 건너뛴다. 기사도, 보고서도, 심지어 책의 경우 한 권을 통째로 휙휙 훑어보면서 순간순간 자신이 흥미를 느끼는 정보에만 집중한다. 물론 이런 독서법은 효율적이다. 우리 일상은 너무 바쁘기 때문에 이렇게 하지 않으면 시간을 최적화할 수 없다. 이렇게만 해도 저자의 의견에 공감하고 인사이트를 얻기에 충분할 수 있다.

그런데 문제는 이런 독서법에 너무 익숙해진 나머지, '깊이 읽는 법'을 잊어버릴 수 있다는 것이다. 이는 연역적 추리와 비판적 분석은 물론, 깊이 생각하고 평가하고 심지어 저자에게 공감하는 능력까지 포함된다. 이런 능력을 구비하지 못하면 쉽게 주의가 산만해진다는 게 문제다. 집중하기는 더 어려워지고 그에 따라 몰입하는 능력도 떨어진다.

한번 생각해보자. 어떤 기사를 대충 끝까지 훑어봤는데 요점이 기억나지 않았던 적이 있지 않았는가? 기사 내용 중 세부적인 정보가 생각나지 않아 어쩔 수 없이 다시 읽어야 했던 적은?

아마도 누구나 이런 문제를 겪은 적이 있을 것이다. 어떤 사람들은 하루 종일 이런 문제를 겪기도 한다. 그리고 만약 이런 상태라면 주의력 자원이 바닥나고 몰입은 성취 불가능한 영역이 되고 만다.

여기서는 '깊이 읽는 법'을 훈련해보자. 이 훈련법은 집중력을 강화해서 주의력을 방해하는 요소로부터 나를 보호해줄 것이다.

LET'S DO IT

우선 다양한 주제를 다루는 잡지 몇 권을 준비한다. 오늘 일어난 사건 사고와 유명인들에 대한 기사는 피한다. 그 대신 좀 더 통찰력 있거나 사색적이거나 도발적인 주제의 콘텐츠를 선택한다. 예를 들면 〈사이언티픽 아메리카〉나 〈더뉴요커〉 또는 〈사이콜로지 투데이〉 같은 잡지 기사가 적당하다. 잡지를 읽을 때는 온라인에 게시된 글보다 손에 쥐고 볼 수 있는 종이책을 권한다. 온라인 게시글에는 주의를 흩트리는 요소가 너무 많다.

잡지를 선택했다면 그 안에 짧은 기사 한 편을 선택한다 (예컨대 A4용지 한 장 미만). 그러고 나서 끝까지 읽는다. 메모는 하지 않는다. 읽은 구절을 다시 읽지 않는다. 자세한 내용을 기억하려고 읽기를 멈추지 않는다. 계속 읽어나간다.

기사를 끝까지 읽었다면, 요약해본다. 이때 세 문장을 넘기지 않는다. 요약은 종이에 써도 되고, 말로 해도 된다. 요약하는 동안에는 기사를 다시 보면서 내용을 확인하지 않는다.

자, 이제 요약을 다 했는가? 그렇다면 이제 그 내용이 맞는지 확인해본다. 필자가 하고 싶은 말을 제대로 이해했는가? 기사가 내포하고 있는 주제 의식을 그대로 반영하고 있는가? 만약 그렇다면 더 긴 기사(예컨대 A4용지 두 장 분량)로 연습을 반복해본다. 이렇게 요약하는 습관을 들이다 보면 깊이 있는 독서를 하게 되고 이는 집중력을 높이는 데 큰 도움이 된다.

소요 시간 : 25분

몰입은 과학이다

열쇠는 당신 손안에 있다

몰입은 너무 자주 미스터리한 현상처럼 화제에 오른다. 대부분의 사람들이 그럴 뿐 아니라 몰입을 자주 경험하는 사람들조차 그것이 우연히 수수께끼처럼 일어나는 신비한 현상이라고 여긴다. 막상 몰입에 들어갔을 때는 그 시간을 즐기면서도 자신이 통제권을 가지고 있다고는 생각조차 하지 못한다.

하지만 그렇지 않다. 우리는 언제든지 마음만 먹으면 몰입에 들어갈 수 있다. 몰입의 필수 조건을 갖추고 과학적 사고로 접근하면 나 스스로가 몰입을 통제할 힘이 생긴다.

그렇게 되면 내가 원하는 순간에 몰입에 들어갈 수 있고 좀 더 창의적이고 생산적으로 살아갈 수 있다. 또 무엇보다 중요한 건 자신의 내면을 제대로 이해해서 진짜 원하는 삶을 살 수 있게 된다는 점이다.

이 책은 그에 대한 사용 설명서이자 워크숍이다. 본문에서 제시한 단계별 실행 계획을 따라 하다 보면 어느새 몰입에 들어가는 법을 터득할 수 있게 될 것이다. 이 책은 언제든 내가 원할 때 몰입에 들어갈 수 있도록 해주는 도구인 것이다.

회사원, 예술가, 운동선수, 기업 임원, 프리랜서, 전업주부 등등 직종을 가리지 않고 거의 모든 사람들이 응용해서 사용할 수 있다. 하지만 그렇게 하기 위해서는 우선 몰입에 대해 제대로 인식해야 하고 꾸준히 연습을 반복해야 한다.

모든 기술이 그렇지만 몰입하는 기술 역시 사용하면 할수록 강화되고 사용하지 않으면 약해진다.

몰입에 능숙해지기 위해서는 그에 필요한 근육을 단련해야 한다. 마치 프로 육상 선수가 근력 운동을 통해 최상의 몸 상태를 유지하는 것과 같다.

마지막으로 이 책에 먼지(전자책을 보는 경우에는 디지털 먼지)가 쌓이게 두지 말라고 말하고 싶다. 자신에게 가장 알맞은 방식으로 응용해서 사용해보자. 특정한 부분은 반복해서 읽으며 실전에 써먹어보자.

이 책은 당신의 자동차고, 열쇠는 당신 손안에 있다. 목적지도 당신이 정한다. 드라이브를 즐기길 진심으로 바란다.

이 책을 읽기 위해 기꺼이 시간을 내준 독자 여러분께 고맙다는 인사를 전한다.

이 책을 통해 실제 생활에서 도움을 받게 되길 진심으로 바란다.

마지막으로 이 책을 구매한 독자 여러분께 감사의 선물을 전하고 싶다.

아래의 주소로 들어가 자신의 메일을 등록하면 지금 곧바로 〈생산성 쏘아 올리기(Catapult Your Productivity)〉라는 PDF

자료를 내려받을 수 있다. 이것은 40페이지 분량의 행동 지침서로 삶에 진정한 변화를 일으켜줄 조언들이 담겨 있다.

https://artofproductivity.com/free-gift/

또한 나에게 질문이 있거나, 살면서 긍정적인 변화를 만들어낸 자신만의 방법, 기법, 또는 정신적 훈련법이 있다면, 언제든 연락해서 알려주길 바란다. 나는 언제나 독자 여러분의 이야기를 기다리고 있다!

damon@artofproductivity.com.

다시 만나기를 바라며.

데이먼 자하리아데스

http://artofproductivity.com

주1 Increasing the 'meaning quotient' of work. (2013, January 1).
McKinsey & Company. https://www.mckinsey.com/capabilities/
people-and-orga nizational-performance/our-insights/increasing-the-
meaningquotient-of-work

주2 Tonietto, G., Malkoc, S. A., Reczek, R. W., & Norton, M. I. (2021).
Viewing leisure as wasteful undermines enjoyment. Journal of
Experimental Social Psychology, 97, 104198. https://doi.org/10.1016/
j.jesp. 2021.104198

주3 The Big Leap by Gay Hendricks and The Confidence Gap by Russ
Harris are excellent

주4 Monster poll results from work in the time of coronavirus. (n.d.).
https://learn more.monster.com/poll-results-from-work-in-the-time-
of-coronavirus

주5 Aust, F., Beneke, T., Peifer, C., & Wekenborg, M. K. (2022b). The

Relationship between Flow Experience and Burnout Symptoms: A Systematic Review. International Journal of Environmental Research and Public Health, 19(7), 3865. https://doi.org/10.3390/ijerph19073865

주6 Bonaiuto, M., Mao, Y., Roberts, S. A., Psalti, A., Ariccio, S., Cancellieri, U. G., & Csikszentmihalyi, M. (2016). Optimal Experience and Personal Growth: Flow and the Consolidation of Place Identity. Frontiers in Psychology, 7. https://doi.org/10.3389/fpsyg.2016.01654

주7 Ryan, R. M., & Deci, E. L. (2000). Self-determination theory and the facilitation of intrinsic motivation, social development, and wellbeing. American Psychologist, 55(1), 68-78. https://doi.org/10.1037/ 0003-066x.55.1.68

주8 최근 몇 년 동안 신경과학과 몰입의 한 측면으로서 내재적 동기를 연구하는 학자들이 늘고 있다. 흥미롭게 읽어볼 만한 연구 사례 한 편을 소개한다. Di Domenico, S. I., & Ryan, R. M. (2017). The Emerging Neuroscience of Intrinsic Motivation: A New Frontier in Self-Determination Research. Frontiers in Human Neuroscience, 11. https://doi.org/10.3389/fnhum.2017.00145

주9 Uncapher, M. R., Thieu, M. K., & Wagner, A. J. (2016). Media multitasking and memory: Differences in working memory and longterm memory. Psychonomic Bulletin & Review, 23(2), 483-490. https://doi.org/10.3758/s13423-015-0907-3

주10 Watson, J., & Strayer, D. L. (2010). Supertaskers: Profiles in extraordinary multitasking ability. Psychonomic Bulletin & Review, 17(4), 479-485. https://doi.org/10.3758/pbr.17.4.479

주11 신경과학자 대니얼 레비틴Daniel Levitin은 그의 저서 《정리하는 뇌The Organized Mind》에서 다음과 같이 언급했다. "멀티태스킹은 도파민 중독 피드백 루프를 만들어, 집중력을 잃고 끊임없이 외부 자극을 찾는 뇌에 효과적으로 보상을 준다."

주12 디지털 디톡스란 의도적으로 일정 기간 동안 휴대전화와 컴퓨터를 비롯한 각종 기기들을 사용하지 않는 것을 말한다.

주13 Riva, E., Riva, G., Talo, C., Boffi, M., Rainisio, N., Pola, L., Diana, B., Villani, D., Argenton, L., & Inghilleri, P. (2017). Measuring Dispositional Flow: Validity and reliability of the Dispositional Flow State Scale 2, Italian version. PLOS ONE, 12(9), e0182201. https://doi.org/10.1371/journal.pone.0182201

주14 Magyarodi, T., Nagy, H., Soltesz, P., Mozes, T., & Olah, A. (2014). Psychometric properties of a newly established flow state questionnaire. The Journal of Happiness and Well-Being, 1(2), 89-100

주15 Payne, B. R., Jackson, J. J., Noh, S. R., & Stine-Morrow, E. a. L. (2011). In the zone: Flow state and cognition in older adults. Psychology and Aging, 26(3), 738-743. https://doi.org/10.1037/a0022359

주16 Parasuraman, R. (1979). Memory Load and Event Rate Control Sensitivity Decrements in Sustained Attention. Science, 205(4409), 924-927. https://doi.org/10.1126/science.472714

주17 Katahira, K., Yamazaki, Y., Yamaoka, C., Ozaki, H., Nakagawa, S., & Nagata, N. (2018). EEG Correlates of the Flow State: A Combination of Increased Frontal Theta and Moderate Frontocentral Alpha Rhythm in the Mental Arithmetic Task. Frontiers in Psychology, 9. https://doi.org/10.3389/fpsyg.2018.00300

주18 Increasing the 'meaning quotient' of work. (2013, January 1). McKinsey & Company. https://www.mckinsey.com/capabilities/people-and-orga nizational-performance/our-insights/increasing-the-meaningquotient-of-work

주19 접선 몰입을 둘러싼 연구는 비교적 최근에 이루어졌다. 접선 몰입이 몰입 상태를 확장하는 데 얼마나 효과적인지 판단하려면 추가적인 연구가 필요하다. 이 분야는 연구의 규모가 늘어나고 있으므로 앞으로 지켜볼 가치가 있다.

주20 Rauscher, F. H., Shaw, G. R., & Ky, K. N. (1993). Music and spatial task performance. Nature, 365(6447), 611. https://doi.org/10.1038/365611a0

몰입은 과학이다

주21   Awada, M., Becerik-Gerber, B., Lucas, G. M., & Roll, S. C. (2022). Cognitive performance, creativity and stress levels of neurotypical young adults under different white noise levels. Scientific Reports, 12(1). https://doi.org/10.1038/s41598-022-18862-w

주22   Engelbregt, H., Meijburg, N., Schulten, M., Pogarell, O., & Deijen, J. B. (2019). The Effects of Binaural and Monoaural Beat Stimulation on Cognitive Functioning in Subjects with Different Levels of Emotionality. Advances in Cognitive Psychology, 15(3), 199-207. https://doi.org/10.5709/acp-0268-8

주23   Schüler, J., & Nakamura, J. (2013). Does Flow Experience Lead to Risk? How and for Whom. Applied Psychology: Health and Well-Being, 5(3), 311-331. https://doi.org/10.1111/aphw.12012

주24   Sheldon, K. M., Prentice, M., & Halusic, M. (2015). The Experiential Incompatibility of Mindfulness and Flow Absorption. Social Psychological and Personality Science, 6(3), 276-283. https://doi. org/10. 1177/1948550614555028

주25   퓨 리서치 센터(Pew Research)에서는 2016년에 미국인의 27퍼센트가 앞선 12개월 동안 한 권의 책도 읽지 않았다는 조사 결과를 발표했다. Perrin, A., & Perrin, A. (2020, May 30). Book Reading 2016. Pew Research Center: Internet, Science & Tech. https://www.pewre search.org/internet/2016/09/01/book-reading-2016/

주26   Slate published findings in 2013 showing that, on average, only five percent of readers who land on an article on the site finish reading it. While these findings are old, I suspect this trend continues today. Manjoo, F. (2013, June 6). You Won't Finish This Article. Slate Magazine. https://slate.com/technology/2013/06/how-peopleread-online-why-you-wont-finish-this-article.html

주27   Schutte, N. S., & Malouff, J. M. (2020). Connections between curiosity, flow and creativity. Personality and Individual Differences, 152, 109555. https://doi.org/10.1016/j.paid.2019.109555

주28   Zaccaro, A., Piarulli, A., Laurino, M., Garbella, E., Menicucci, D., Neri,

B., & Gemignani, A. (2018). How Breath-Control Can Change Your Life: A Systematic Review on Psycho-Physiological Correlates of Slow Breathing. Frontiers in Human Neuroscience, 12. https://doi.org/10.3389/fnhum.2018.00353

주29 Jerath, R., Crawford, M. W., Barnes, V. A., & Harden, K. (2015). Self-Regulation of Breathing as a Primary Treatment for For translation rights sales info1rm58ation, contact: russorights@gmail.com For Translation Rights Review ONLY. The Art of Finding FLOW Anxiety. Applied Psychophysiology and Biofeedback, 40(2), 107-115. https://doi.org/10.1007/s10484-015-9279-8

주30 Doll, A., Hölzel, B. K., Bratec, S. M., Boucard, C. C., Xie, X., Wohlschläger, A. M., & Sorg, C. (2016). Mindful attention to breath regulates emotions via increased amygdala-prefrontal cortex connectivity. NeuroImage, 134, 305-313. https://doi.org/10.1016/j.neuroimage.2016.03.041

주31 Ma, X., Yue, Z. E. J., Gong, Z., Zhang, H., Duan, N. Y., Shi, Y., Wei, G., & Niu, X. (2017). The Effect of Diaphragmatic Breathing on Attention, Negative Affect and Stress in Healthy Adults. Frontiers in Psychology, 8. https://doi.org/10.3389/fpsyg.2017.00874

주32 Luders, E., Cherbuin, N., & Kurth, F. (2015). Forever Young(er): potential age-defying effects of long-term meditation on gray matter atrophy. Frontiers in Psychology, 5. https://doi.org/10.3389/fpsyg.2014.01551

주33 Schutte, N. S., & Malouff, J. M. (2023). The connection between mindfulness and flow: A meta-analysis. Personality and Individual Differences, 200, 111871. https://doi.org/10.1016/j.paid.2022.111871

주34 Scott-Hamilton, J., Schutte, N. S., & Brown, R. F. (2016). Effects of a Mindfulness Intervention on Sports-Anxiety, Pessimism, and Flow in Competitive Cyclists. Applied Psychology: Health and Well-Being, 8(1), 85-103. https://doi.org/10.1111/aphw.12063

주35 Marty-Dugas, J., Smith, A. C., & Smilek, D. (2021). Focus on your

몰입은 과학이다

breath: Can mindfulness facilitate the experience of flow? Psychology of Consciousness. https://doi.org/10.1037/cns0000251

주36 Firth, J., Torous, J., Stubbs, B., Firth, J., Steiner, G. Z., Yang, L., Alvarez-Jimenez, M., Gleeson, J., Vancampfort, D., Armitage, C. J., & Sarris, J. (2019). The "online brain": how the Internet may be changing our cognition. World Psychiatry, 18(2), 119-129. https://doi. org/10.1002/wps.20617

주37 Kumar, M., & Mondal, A. (2018). A study on Internet addiction and its relation to psychopathology and self-esteem among college students. Industrial Psychiatry Journal, 27(1), 61. https://doi.org/10. 4103/ipj. ipj_61_17

주38 Small, G. W., Lee, J., Kaufman, A., Jalil, J., Siddarth, P., Gaddipati, H., Moody, T. D., & Bookheimer, S. Y. (2020b). Brain health consequences of digital technology use. Dialogues in Clinical Neuroscience, 22(2), 179-187. https://doi.org/10.31887/dcns. 2020.22.2/gsmall

주39 Ratan, Z. A., Parrish, A., Zaman, S. B., Alotaibi, M. H., & Hosseinzadeh, H. (2021). Smartphone Addiction and Associated Health Outcomes in Adult Populations: A Systematic Review. International Journal of Environmental Research and Public Health, 18(22), 12257. https://doi. org/10.3390/ijerph182212257

주40 Guo, W., Tao, Y., Li, X., Lin, X., Meng, Y., Yang, X., Wang, H., Zhang, Y., Tang, W., Wang, Q., Deng, W., Zhao, L., Ma, X., Li, M., Chen, T., Xu, J., Li, J., Hao, W., Lee, S., . . . Li, T. (2020). Associations of Internet Addiction Severity With Psychopathology, Serious Mental Illness, and Suicidality: Large-Sample Cross-Sectional Study. Journal of Medical Internet Research, 22(8), e17560. https://doi. org/10.2196/17560

데이먼 자하리아데스 Damon Zahariades

미국의 떠오르는 자기계발 멘토. 신간을 출간할 때마다 무조건 믿고 사고, 주변에 홍보를 자처하는 열혈 골수팬을 확보하며 화제를 불러일으키고 있다.

원래 평범한 직장인이었던 저자는 쓸데없는 회의와 동료들과의 잡담으로 가득한 근무 환경을 버티다 못해 대기업 퇴사를 선언하고 창업에 뛰어들었다. 그는 자신과 같은 어려움을 겪고 있는 사람들을 위해 효율적으로 시간을 관리하고, 업무 생산성을 극대화하는 법을 다룬 블로그 ArtofProductivity.com을 운영하면서 자기계발 전문가로 활동 중이다.

2023년 최신작인 『몰입은 과학이다』(원제: The Art of Finding Flow)는 출간 이후 현재까지 아마존 세 개 분야 1위이며 11개국에 판권이 수출된 화제작이다.

저자는 사람들이 흔히 생각하는 것처럼 몰입은 마법도 미스터리한 현상도 아닌 과학적인 시스템일 뿐이라고 말한다. 누구나 몰입에 필요한 프로세스를 제대로 설계만 하면 언제든 자신이 원할 때 몰입에 들어갈 수 있다는 것이다. 『몰입은 과학이다』는 그 방법에 대한 실용적인 내용으로 가득 차 있다. 이 책은 지금도 독자들 사이에서 '안 읽은 사람은 있어도 딱한 번만 읽은 사람은 없는 책'이라는 호평을 받으며 인기를 누리고 있다. 저자의 책은 『멘탈을 회복하는 연습』, 『멘탈이 강해지는 연습』, 『20%만 쓰는 연습』 등이 국내에 소개되면서 좋은 반응을 얻고 있다.

박혜원

긴 시간을 돌아 어릴 적 꿈이었던 번역에 입문했고, 온 우주가 도와 현재는 전문번역가로 활동 중이다. 옮긴 책으로 『몰입은 과학이다』, 『필링 그레이트』, 『문명 이야기 4』, 『크리에이티브』, 『퀸(40주년 공식 컬렉션)』, 『브라이언 메이 레드스페셜』, 『클라이브 폰팅의 세계사 2』, 『고대 문명의 역사와 보물, 중국』, 『젊은 소설가의 고백』, 『자기만의 방』, 『본능의 경제학』, 『다이어트 심리학』, 『벤 버냉키의 선택』, 『5분 심리게임』, 『스토리 이코노미』, 『친애하는 교회 씨에게』, 『여자들의 경제수다』 등이 있다.

원하는 순간, 초집중하는 기술

몰입은
과학이다

1판 1쇄 인쇄 | 2024년 3월 1일
1판 1쇄 발행 | 2024년 3월 8일

지은이 | 데이먼 자하리아데스
옮긴이 | 박혜원
기획 · 편집 | 박지호   마케팅 | 김재욱
디자인 | design PIN

펴낸이 | 김재욱, 박지호
펴낸곳 | 포텐업
출판등록 | 제2022-000323호
주소 | 서울시 마포구 월드컵로7안길 20 302호(04022)
전화 | 070-4222-1212   팩스 | 02-6442-7903

이메일 | for10up@naver.com
인스타그램 | @for10up

ISBN 979-11-984764-3-2 03190
값 17,000원